UNVERZI(REZEPTBUCH FÜR DIE KETOGENE MITTELMEERDIÄT

100 KOHLENHYDRATARME, GESUNDE REZEPTE FÜR EINE DAUERHAFTE GEWICHTSABNAHME

EVELIN SAUBER

INHALTSVERZEICHNIS

EINLEITUNG

Low-Carb-Diäten liegen derzeit voll im Trend. Es gibt einige Hinweise darauf, dass eine kohlenhydratarme Ernährung Menschen helfen kann, kurzfristig Gewicht zu verlieren. Es gibt jedoch auch Bedenken hinsichtlich der längerfristigen gesundheitlichen Auswirkungen.

Es hat sich gezeigt, dass mediterrane Diäten eine der gesündesten Diäten sind und mit nur wenigen Anpassungen können Sie Ihre mediterrane Diät kohlenhydratarm gestalten.

Wenn Sie Kohlenhydrate reduzieren wollen, ist es wichtig, womit Sie sie ersetzen. Viele kohlenhydratarme Diäten schlagen vor, ganze Lebensmittelgruppen zu streichen. Dies ist aus gesundheitlicher Sicht keine gute Idee, wie wir weiter unten besprechen werden. Wie bei den meisten Dingen ist Mäßigung am besten.

Es ist besser, die Mengen an kohlenhydratreichen Lebensmitteln zu reduzieren, anstatt sie vollständig zu eliminieren. Dies ist langfristig nachhaltiger und stellt sicher, dass Sie keine Nährstoffmängel erleiden. Untersuchungen zeigen, dass eine kohlenhydratarme Ernährung herzgesund sein kann. Dies gilt jedoch nur, solange die Protein- und Fettauswahl aus gesunden Quellen stammt.

FRÜHSTÜCK

1. Rührei mit Basilikum und Spinat

Zutaten

- 2 Esslöffel Olivenöl

- 100 g Kirschtomaten

- 4 Eier

- 60ml Milch

- Handvoll Basilikum, gehackt

- 200 g Babyspinat

- schwarzer Pfeffer

Richtungen

a) 1 EL Öl in einer Pfanne erhitzen und die Tomaten hinzugeben. Während sie kochen, schlagen Sie die Eier in einem Krug und fügen Sie die Milch, den schwarzen Pfeffer und das Basilikum hinzu.

b) Die Tomaten aus der Pfanne nehmen und auf den Tellern anrichten. Die Mischung aus Öl, Spinat und Ei in die Pfanne geben und gelegentlich umrühren, bis die Eier rühren. Sobald es fest ist, auf die Teller geben und servieren.

2. Sardinen auf Toast

Zutaten

- 1 Esslöffel Olivenöl

- 1 Zwiebel

- 1 Knoblauchzehe, zerdrückt

- 1 rote Chili, gehackt und entkernt

- 1 Zitrone, Saft und Schale

- 1 x 120 g Dosen Sardinen in Olivenöl

- 2 Scheiben Schwarzbrot

- kleiner Bund Petersilie, gehackt

Richtungen

a) Das Öl in einer Bratpfanne erhitzen, die Zwiebeln einige Minuten anbraten, bevor der Knoblauch, die rote Chilischote und die Zitronenschale hinzugefügt werden.

b) Sardinen hinzugeben und einige Minuten erhitzen, bis sie warm sind.

c) Brot toasten. Petersilie und einen Spritzer Zitronensaft zu den Sardinen geben. Vor dem Servieren auf Toast verteilen.

3. Griechisches Salatomelett

Zutaten

- 4 Eier

- Handvoll Petersilienblätter, gehackt

- 1 Esslöffel Olivenöl

- 1 rote Zwiebel

- 100 g Kirschtomate,

- Handvoll schwarze Oliven

- 50 g Feta-Käse, zerbröselt

Richtungen

a) Heizen Sie den Grill zu hoch. Eier in einer Schüssel mit gehackter Petersilie, Pfeffer und Salz verquirlen. Das Öl in einer Bratpfanne erhitzen, dann die Zwiebel bei starker Hitze ca. 4 Minuten anbraten, bis sie zu bräunen beginnen. Tomaten und Oliven dazugeben und ca. 2 Minuten garen.

b) Stellen Sie die Hitze auf mittlere Stufe und fügen Sie die Eier hinzu, kochen Sie sie etwa 2 Minuten lang und rühren Sie, bis sie fest werden. Fügen Sie Feta hinzu und stellen Sie die Pfanne dann für 5-6 Minuten unter den Grill, bis das Omelett goldbraun ist. In Keile schneiden und servieren.

4. Beeren-Smoothie

Zutaten

- 250 g gefrorene Beeren
- 250 g griechischer Joghurt
- 50ml Milch
- 15 g Haferflocken
- 2 Teelöffel Honig (optional)

Richtungen

a) Beeren, Joghurt und Milch glatt rühren. Haferflocken unterrühren und in Gläser füllen.

b) Mit einem Spritzer Honig servieren.

5. Würzige Tomaten gebackene Eier

Zutaten

- 1 Esslöffel Olivenöl

- 2 rote Zwiebeln, geschält und in Halbmonde geschnitten

- 1 rote Paprika, entkernt und in Streifen geschnitten

- 1 Knoblauchzehe, geschält und in Scheiben geschnitten

- 250 g Kirschtomaten, halbiert oder 1 Dose geschälte Eiertomaten

- 1 Teelöffel Paprika

- 4 mittelgroße Eier

- 2 Esslöffel gehackte glatte Petersilie (optional)

Richtungen

a) Backofen auf 200°C/Umluft 180°C/Gas Stufe 6 vorheizen

b) In einer großen, tiefen ofenfesten Pfanne das Öl erhitzen

c) Zwiebeln, Paprika und Knoblauch dazugeben. Mit frisch gemahlenem schwarzem Pfeffer würzen und 10 Minuten kochen lassen oder bis sie weich sind

d) Tomaten und Paprika dazugeben und weitere 5 Minuten leicht köcheln lassen

e) Machen Sie 4 kleine Vertiefungen in die Mischung und schlagen Sie ein Ei hinein. Mit mehr schwarzem Pfeffer würzen, abdecken und in den Ofen stellen

f) Garen, bis die Eier stocken – dies sollte etwa 5-8 Minuten dauern.

6. Tomaten-Feta-Omelett

Zutaten

- 2 Teelöffel Olivenöl

- 4 Eier, geschlagen

- 8 Kirschtomaten, gehackt

- 50 g Feta-Käse, zerbröselt

- gemischte Salatblätter, zum Servieren (optional)

Richtungen

a) Das Öl in einer Bratpfanne erhitzen, die Eier dazugeben und unter gelegentlichem Schwenken anbraten. Nach ein paar Minuten den Feta und die Tomaten darüberstreuen. Vor dem Servieren eine weitere Minute kochen.

b) Öl in einer Bratpfanne mit Deckel erhitzen, dann Zwiebeln, Chili, Knoblauch und Korianderstiele 5 Minuten dünsten, bis sie weich sind. Tomaten einrühren, dann 8-10 Minuten köcheln lassen.

c) Machen Sie mit der Rückseite eines großen Löffels 4 Dips in die Sauce und schlagen Sie dann ein Ei hinein. Lege einen Deckel auf die Pfanne und koche sie dann bei schwacher Hitze 6-8 Minuten lang, bis die Eier nach deinem Geschmack fertig sind. Mit den Korianderblättern bestreuen und mit Brot servieren.

7. Gegrillte Himbeerwaffeln

Macht 2

Zutaten

Die Waffeln

- 1/2 Tasse Mandelmehl
- 2 Esslöffel Leinsamenmehl
- 1/3 Tasse Kokosmilch
- 1 Teelöffel Vanilleextrakt
- 1 Teelöffel Backpulver
- 2 Esslöffel Keto-freundlicher Süßstoff
- 7 Tropfen flüssiges Stevia

Die Füllung

- 1/2 Tasse Himbeeren
- Schale von 1/2 Zitrone
- 1 Esslöffel Zitronensaft
- 2 Esslöffel vegane Butter
- 1 Esslöffel Keto-freundlicher Süßstoff

Richtungen

a) Kombinieren Sie in einer großen Rührschüssel alle Waffelzutaten.

b) Heize ein Waffeleisen vor und gieße deinen Teig hinein.

c) Lassen Sie es kochen, bis das Licht grün leuchtet oder der Dampfpegel auf ein sicheres Niveau sinkt.

d) Die Waffeln aus dem Ofen nehmen und etwas abkühlen lassen.

e) Vegane Butter und Süßstoff in einer Pfanne auf dem Herd erhitzen. Himbeeren, Zitronensaft und Zitronenschale zugeben. Rühren, bis es die Konsistenz von Marmelade eindickt.

f) Himbeerfüllung zwischen zwei Waffeln geben und in eine Pfanne geben und auf jeder Seite 1-2 Minuten backen.

8. Keto-Flachs-Tortillas

Macht 5
Gesamtzeit: 15 Minuten

Zutaten

- 1 Tasse Goldenes Leinsamenmehl
- 2 Esslöffel Chiasamen
- 2 Teelöffel Olivenöl
- 1/2 Teelöffel Currypulver
- 1 Tasse gefiltertes Wasser
- 1 Teelöffel Kokosmehl

Richtungen

a) In einer großen Rührschüssel alle trockenen Zutaten gründlich vermischen, außer dem Kokosmehl und der Hälfte des Olivenöls.

b) Gründlich mischen, bis die Mischung eine feste Kugel bildet.

c) Kokosmehl über den Teig streuen und den Teig mit einem Nudelholz ausrollen.

d) Schneiden Sie Ihre Tortilla mit einem breiten runden Werkzeug aus.

e) 1 Teelöffel Olivenöl in einer Pfanne bei mittlerer Hitze erhitzen. Sobald das Öl heiß ist, die Tortilla hinzufügen und braten, bis die gewünschte Bräunung erreicht ist.

f) Dienen!

9. Rührei mit Sojawurst

Ergibt 4 Portionen

Zutaten

- 2 Esslöffel Olivenöl

- 1 kleine süße gelbe Zwiebel, gehackt

- 12 Unzen vegane Wurst, gehackt

- 1 Pfund fester Tofu, abgetropft und trocken gepresst

- 1 Teelöffel Salz

- 1/4 Teelöffel Kurkuma

- 1/4 Teelöffel frisch gemahlener schwarzer Pfeffer

Richtungen

a) Das Öl in einer großen Pfanne bei mittlerer Hitze erhitzen.

b) Fügen Sie die Zwiebel und die vegane Wurst hinzu, decken Sie sie ab und braten Sie sie 5 Minuten lang oder bis die Wurst gebräunt ist.

c) Tofu, Salz, Kurkuma und Pfeffer hinzugeben und umrühren. Unter gelegentlichem Rühren etwa 10 Minuten kochen, bis die Flüssigkeit aufgesogen ist.

d) Abschmecken und nach Bedarf würzen, dann servieren

10.   Vegane Keto-Haferflocken

Macht 1

Gesamtzeit: 5 Minuten

Zutaten

- 2 Esslöffel gemahlene Leinsamen
- 2 Esslöffel Chiasamen
- 2 Esslöffel ungesüßte Kokosraspeln
- 2 Esslöffel granuliertes Süßungsmittel nach Wahl
- 1/2 Tasse heißes Wasser
- 1/2 Tasse kalte ungesüßte Kokosmilch

Richtungen

a) Kombinieren Sie die trockenen Zutaten in einer kleinen Rührschüssel und rühren Sie gründlich um.

b) Mischen Sie eine halbe Tasse heißes Wasser hinein und stellen Sie sicher, dass die Mischung sehr dick ist. Mischen Sie Ihre Kokosmilch unter, bis Sie eine dicke, cremige „Haferflocken" haben.

c) Mit den gewünschten Toppings/Mix-Ins servieren.

11.   Kugelsicherer Kaffee

Zutaten

- 2 Esslöffel Kaffeesatz
- 1 Esslöffel Kokosöl
- 1 Tasse Wasser
- 1 Esslöffel grasgefütterte Butter

Richtungen

a) Verwenden Sie das Wasser und den Kaffeesatz, um eine Tasse Kaffee nach Ihrer eigenen bevorzugten Methode zuzubereiten.

b) Gießen Sie den Kaffee in einen Mixer.

c) Butter und Kokosöl zugeben.

d) Gründlich mischen.

e) Fühlen Sie sich frei, Zutaten wie Zimt, Muskatnuss, Schlagsahne und Stevia hinzuzufügen.

12.   Pfannkuchen mit Erdnussbutter

Macht 6

Zutaten

- 1 ¼ Tassen Allzweckmehl

- 3 Esslöffel weißer Kristallzucker

- 1 Esslöffel Backpulver

- ¼ Teelöffel Salz

- 1 Tasse Sojamilch

- 1 Flachs-Ei

- ¼ Tasse Erdnussbutter

- ⅔ Tasse Vegane Schokoladenstückchen

- Kokosöl, zum Braten

Richtungen

a) In einer Rührschüssel das Mehl sieben und Zucker, Backpulver und Salz hinzufügen.

b) Sojamilch, Leinsamenei und Erdnussbutter in eine Rührschüssel geben und verquirlen.

c) Zum Schluss die Schokoladenstückchen untermischen.

d) Erhitzen Sie eine Bratpfanne mit etwas Kokosöl und fügen Sie dann etwa eine viertel Tasse Teig hinzu.

e) Backen Sie jeden Pfannkuchen etwa 3 Minuten oder bis er auf beiden Seiten goldbraun ist.

13.   Knuspriger Tofu und Bok Choy Salat

Zutaten

Für den ofengebackenen Tofu

- 15 Unzen extra fester Tofu
- 1 Esslöffel Reisweinessig
- 1 Esslöffel Sesamöl
- 1 Esslöffel Sojasauce
- 2 Teelöffel gehackter Knoblauch
- Saft von $\frac{1}{2}$ Zitrone
- 1 Esslöffel Wasser

Für den Bok-Choi-Salat

- 9 Unzen Pak Choi
- 1 Esslöffel Sambal Olek
- 2 Esslöffel gehackter Koriander
- 1 Stängel Frühlingszwiebel
- 1 Esslöffel Erdnussbutter
- 7 Tropfen flüssiges Stevia
- 3 Esslöffel Kokosöl
- 2 Esslöffel Sojasauce
- Saft von $\frac{1}{2}$ Limette

Richtungen

a) Lege ein Küchentuch aus und lege den Tofu auf die Hälfte davon. Falten Sie das Handtuch über den Tofu und drücken Sie, um den Tofu zu trocknen. Legen Sie nach Möglichkeit etwas Schweres auf das gefaltete Handtuch, um den Tofu gedrückt zu halten. Es dauert fast 6 Stunden, bis es vollständig getrocknet ist, und Sie müssen möglicherweise sogar das Handtuch auf halbem Weg wechseln.

b) Sojasauce, Knoblauch, Zitronensaft, Sesamöl und Essig in eine Schüssel geben und gut vermischen. Dies wird die Tofu-Marinade sein.

c) Nachdem der Tofu getrocknet ist, hacken Sie ihn gleichmäßig in quadratische Stücke. Zusammen mit der Marinade in eine Plastiktüte geben.

d) Lassen Sie den Tofu fast 30 Minuten marinieren. Sie können es auch über Nacht aufbewahren, um noch mehr Geschmack zu erhalten.

e) Heizen Sie nun den Ofen auf 350 ⁰F vor, legen Sie ein Backblech mit Pergamentpapier aus und backen Sie den marinierten Tofu 30 Minuten lang auf dem Backblech.

f) Jetzt werden wir am Bok-Choi-Salat arbeiten. Dafür müssen Sie zuerst die Frühlingszwiebel und den Koriander hacken.

g) Alle restlichen Zutaten für den Pak-Choi-Salat außer Pak-Choi und Limettensaft in eine separate Schüssel geben und gut vermischen.

h) Fügen Sie nun die gehackte Frühlingszwiebel und den Koriander hinzu.

i) Wenn der Tofu gut gekocht ist, Limettensaft in die Salatschüssel geben und gut mischen.

j) Den Tofu und den gehackten Pak Choi in die Salatschüssel geben und mischen.

14. Gegrilltes Käse-Sandwich

Zutaten

- 2 große Eier

- 1 $\frac{1}{2}$ Esslöffel Flohsamenschalenpulver

- 2 Esslöffel weiche Butter

- 2 Esslöffel Mandelmehl

- $\frac{1}{2}$ Teelöffel Backpulver

- Mehrere Scheiben Käse Ihrer Wahl

- Zusätzlich 1 Esslöffel Butter

Richtungen

a) 2 Esslöffel Butter in eine Schüssel geben und auf Zimmertemperatur kommen lassen. Wenn es weich geworden ist, 2 Esslöffel Mandelmehl und nochmals $1\frac{1}{2}$ Esslöffel Flohsamenschalen dazugeben.

b) Fügen Sie auch $\frac{1}{2}$ Teelöffel Backpulver hinzu. Mischen Sie alles gut, bis Sie einen dicken Teig erhalten.

c) Fügen Sie nun 2 große Eier hinzu und mischen Sie alles gut.

d) Jetzt den Teig für etwa 100 Sekunden in der Mikrowelle erhitzen.

e) Lassen Sie es sich nun setzen und klopfen Sie dann auf den Boden. Schneiden Sie es in zwei Hälften.

f) Messen Sie die benötigte Käsemenge ab und stecken Sie diese dann zwischen die beiden Teighälften, die Ihnen als Sandwichbrötchen dienen.

g) Fügen Sie den zusätzlichen 1 Esslöffel Butter zu einer Pfanne hinzu. Stellen Sie die Pfanne auf mittlere Hitze. Wenn die Pfanne heiß geworden ist, fügen Sie den Teig mit Käse hinzu und braten Sie ihn dann auf beiden Seiten.

h) Servieren Sie es mit einem Beilagensalat.

15. Tassenkuchen mit Pesto aus sonnengetrockneten Tomaten

Zutaten

Für die Basis

- 1 großes Ei

- $\frac{1}{2}$ Teelöffel Backpulver

- 2 Esslöffel Mandelmehl

- 2 Esslöffel Butter

Für den Geschmack

- 1 Esslöffel Mandelmehl

- 5 Teelöffel Pesto aus sonnengetrockneten Tomaten

- Eine Prise Salz

Richtungen

a) Alle Zutaten in einen mikrowellengeeigneten Becher geben und gut vermischen.

b) Mikrowelle es für 75 Sekunden bei hoher Leistung.

c) Schlagen Sie nun den Becher gegen einen Teller, um den Kuchen vom Becher zu lösen.

d) Fügen Sie nach Belieben zusätzliches Tomatenpesto hinzu und servieren Sie es.

16.   Käse-Thymian-Waffeln

Zutaten

- 2 Stangen Frühlingszwiebel

- ½ großer Blumenkohlkopf in Reis

- 2 große Eier

- 2 Teelöffel frisch gehackter Thymian

- 1 Tasse fein geriebener Mozzarella-Käse

- 1 Esslöffel Sesam

- 1 Tasse abgepackter Grünkohl

- 1/3 Tasse Parmesankäse

- 1 Teelöffel Knoblauchpulver

- 1 Esslöffel Olivenöl

- ½ Teelöffel Salz

- ½ Teelöffel gemahlener schwarzer Pfeffer

Richtungen

a) Den Blumenkohl in kleine Röschen teilen und die Frühlingszwiebeln ebenfalls in Scheiben schneiden. Jetzt den Thymian von den Stielen reißen.

b) Blumenkohl in eine Küchenmaschine geben und umrühren, bis er gründlich verarbeitet ist. Frühlingszwiebeln, Grünkohl und Thymian in die Küchenmaschine geben und alles erneut pürieren.

c) Geben Sie nun die verarbeitete Mischung in eine große Rührschüssel.

d) In die große Schüssel auch eine Tasse Mozzarella-Käse zusammen mit den Eiern, den Sesamsamen, dem Olivenöl, dem Parmesankäse, dem schwarzen Pfeffer, dem Salz und dem Knoblauchpulver geben.

e) Gut mischen, um einen glatten Teig zu bilden. Nun das Waffeleisen erhitzen und fertig stellen.

f) Gießen Sie die Mischung in das Waffeleisen und achten Sie darauf, dass sie gleichmäßig verteilt wird.

17.   Veganer Keto-Brei

Zutaten

- 2 Esslöffel Kokosmehl

- 2 Esslöffel Vanilleproteinpulver; vegan

- 1 Teelöffel pulverisiertes Erythrit

- 3 Esslöffel goldenes Leinsamenmehl

- 1 $\frac{1}{2}$ Tassen ungesüßte Mandelmilch

Richtungen

a) Mischen Sie in einer Schüssel goldenes Leinsamenmehl zusammen mit Kokosmehl und Proteinpulver.

b) Diese Mischung in einen Topf geben. Mandelmilch zugeben und bei mittlerer Hitze aufkochen.

c) Wenn es anfängt einzudicken, fügen Sie die gewünschte Menge Erythritol (Süßungsmittel) hinzu.

d) Servieren Sie es mit Ihren Lieblingszutaten.

18.   Keto-Cashew-Joghurt-Eisbecher

Zutaten

- $1\frac{1}{2}$ Tasse kochendes Wasser

- $\frac{1}{2}$ Tasse rohe Cashewnüsse

- 1 Esslöffel Erythrit

- 1 Esslöffel Zitronensaft

Richtungen

a) Cashewnüsse in eine hitzebeständige Schüssel geben.

b) Wasser aufkochen und langsam über die Cashews gießen.

c) Erythrit und Zitronensaft in die Schüssel geben, umrühren, bis sich das Erythrit gut aufgelöst hat.

d) Stellen Sie sicher, dass Ihr Mixer heiße Flüssigkeiten verarbeiten kann und geben Sie alles vorsichtig in einen Mixer.

e) Mischen, bis die Cashewnüsse schön glatt und die Mischung eingedickt ist.

f) Lassen Sie die Mischung etwa zehn bis fünfzehn Minuten abkühlen und stellen Sie sie dann etwa ein paar Stunden lang in den Kühlschrank.

g) Dienen.

19.   Keto-Müsli

Zutaten

- ½ Tasse Kokosraspeln

- 2 Tassen Mandelmilch

- 1/3 Tasse zerkleinerte Walnussstücke

- 1/3 Tasse geröstete Leinsamen

- 3 bis 4 Teelöffel Butter

- 2 Teelöffel Erythrit oder Süßstoff deiner Wahl

- 1 Teelöffel Salz

Richtungen

a) Butter bei mittlerer Hitze schmelzen.

b) Walnussstücke, Leinsamen und Salz zur geschmolzenen Butter geben und einige Minuten rühren.

c) Kokosraspeln hinzugeben und weiter mixen. Stellen Sie sicher, dass der Boden nicht anfängt zu brennen.

d) Fügen Sie dieser Mischung das Süßungsmittel Ihrer Wahl hinzu. Idealerweise sollte es nicht mehr als 1 Esslöffel sein

e) Jetzt fügen Sie schnell Ihre Milch hinzu.

f) Rühren Sie um und schalten Sie die Hitze aus.

20.   Keto-Bagel

Zutaten

- $\frac{1}{2}$ Tasse Hanfherzen

- $\frac{1}{4}$ Tasse Flohsamenfasern

- 6 Eiweiß, Bio

- 1 Tasse Kokosmehl

- $\frac{1}{2}$ Tasse Sesamkerne

- $\frac{1}{2}$ Tasse Kürbiskerne

- 1 Esslöffel Backpulver

- 1 Teelöffel keltisches Meersalz

- 1 Tasse kochendes Wasser

Richtungen

a) Ofen auf 350 ⬜F vorheizen.

b) Mischen Sie alle Zutaten außer den Eiern und Sesamsamen in einer großen Schüssel.

c) Mischen Sie das Eiweiß in einem Mixer, bis Sie eine schaumige Mischung erhalten.

d) Das Eiweiß zu den gut aufgeschlagenen trockenen Zutaten geben und glatt rühren.

e) Fügen Sie eine Tasse kochendes Wasser hinzu und rühren Sie weiter, bis ein glatter Teig entsteht.

f) Legen Sie nun Pergamentpapier auf ein Backblech.

g) Den Teig in 6 etwa gleich große Kugeln teilen.

h) Machen Sie mit Ihrem Finger ein Loch in jede Kugel und drücken Sie dann den Teig auf das Backblech, um ihn in Form eines Bagels zu formen. Den Sesam darüber streuen.

i) Backen Sie sie für 55 Minuten bei 350F.

21.   Eier und Gemüse

Zutaten

- 3 Unzen. Möhren
- 3 Eier
- 3 $\frac{1}{2}$ oz. Blumenkohl
- 3 $\frac{1}{2}$ oz. Spinat
- 1 EL Kokosöl
- 3 $\frac{1}{2}$ oz. Brokkoli
- 3 $\frac{1}{2}$ oz. grüne Bohnen
- Salz und Gewürze nach Geschmack

Richtungen

a) Fügen Sie gerade genug Kokosöl hinzu, um den Boden einer Bratpfanne zu bedecken.

b) Niedrig erhitzen.

c) Alle Gemüse hinzufügen. Wenn Sie eine gefrorene Mischung verwenden, tauen Sie sie einige Minuten lang bei schwacher Hitze auf, bevor Sie mit dem nächsten Schritt fortfahren.

d) Hitze auf mittel erhöhen.

e) 3 Eier hinzufügen.

f) Fügen Sie nach Geschmack verschiedene Gewürze hinzu.

g) Bis zum Servieren unter Rühren braten.

VORSPEISE und SNACKS

22.   Blackberry-Chipotle-Hähnchenflügel

Macht 20

Zutaten

- 3 Pfund. Chicken Wings, geschlachtet
- 1/2 Tasse Brombeer-Chipotle-Marmelade
- 1/2 Tasse Wasser
- Salz und Pfeffer nach Geschmack

Richtungen

a) Den Ofen auf 400 Grad Fahrenheit vorheizen.

b) Kombinieren Sie Blackberry Chipotle Jam und Wasser in einer Rührschüssel.

c) Mischen Sie in einer Plastiktüte 2/3 der Marinade mit den Hähnchenflügeln, Salz und Pfeffer. 10 Minuten oder länger marinieren.

d) Die Chicken Wings herausnehmen und auf einem Kuchengitter auf einem Backblech anrichten.

e) 10 Minuten bei 400 °F backen, dann wenden und jeden Flügel mit der restlichen Marinade bestreichen.

f) Erhöhen Sie die Temperatur auf 425 °F und backen Sie weitere 5 Minuten oder bis sie knusprig sind.

g) Aus dem Ofen nehmen, abkühlen lassen und genießen!

23. Fettbomben mit Erdnussbutter

Macht 8
Zutaten

- 1/2 Tasse Kokosöl
- 1/4 Tasse Kakaopulver
- 2 Esslöffel Erdnussbutterpulver
- 2 Esslöffel geschälte Hanfsamen
- 2 Esslöffel vegane Sahne
- 1 Teelöffel Vanilleextrakt
- 28 Tropfen flüssiges Stevia
- 1/4 Tasse ungesüßte Kokosraspeln

Richtungen

a) Alle trockenen Zutaten mit dem Kokosöl in einer Rührschüssel vermengen.

b) Schlagsahne, Vanilleextrakt und flüssiges Stevia untermischen.

c) Messen Sie auf einem Teller ungesüßte, zerkleinerte Kokosnuss ab.

d) Rollen Sie die Kugeln mit den Händen aus und rollen Sie sie dann in ungesüßten Kokosraspeln.

e) Auf ein mit Backpapier ausgelegtes Backblech legen. Für etwa 15 Minuten in den Gefrierschrank stellen.

24.   Ahorn-Pekannuss-Fettbombenriegel

Macht 12

Zutaten

- 2 Tassen Pekannusshälften
- 1 Tasse Mandelmehl
- 1/2 Tasse Goldenes Leinsamenmehl
- 1/2 Tasse ungesüßte Kokosraspeln
- 1/2 Tasse Kokosöl
- 1/4 Tasse Ahornsirup
- 1/4 Teelöffel flüssiges Stevia

Richtungen

a) Ofen auf 350°F vorheizen und Pelikanhälften 5 Minuten backen.

b) Nimm die Pekannüsse aus dem Ofen und gib sie in eine Plastiktüte. Zerdrücke sie mit einem Nudelholz, um Stücke zu machen.

c) Kombinieren Sie in einer Rührschüssel die trockenen Zutaten: Mandelmehl, goldenes Leinsamenmehl und Kokosraspeln und die zerkleinerten Pekannüsse.

d) Fügen Sie das Kokosnussöl, den Ahornsirup und das flüssige Stevia hinzu. Alle Zutaten in einer großen Rührschüssel vermengen, bis ein krümeliger Teig entsteht.

e) Den Teig in eine Auflaufform geben und andrücken.

f) Backen Sie für 15 Minuten bei 350F oder bis die Seiten leicht gebräunt sind.

g) Mit einem Pfannenwender in 12 Scheiben schneiden und servieren.

25.   Keto-Blumenkohl-Vorspeisen

Macht 8

Zutaten

- 14 oz. Blumenkohlröschen, gehackt
- 3 mittelgroße Stangen Frühlingszwiebel
- 3 Unzen. Geschredderter weißer Cheddar
- 1/2 Tasse Mandelmehl
- 1/2 Teelöffel Salz
- 3/4 Teelöffel Pfeffer
- 1/2 Teelöffel rote Paprikaflocken
- 1/2 Teelöffel Estragon, getrocknet
- 1/4 Teelöffel Knoblauchpulver
- 3 Esslöffel Olivenöl
- 2 Teelöffel Chiasamen

Richtungen

a) Den Ofen auf 400 Grad Fahrenheit vorheizen.

b) Kombinieren Sie in einer Plastiktüte Blumenkohlröschen, Olivenöl, Salz und Pfeffer. Kräftig schütteln, bis der Blumenkohl gleichmäßig bedeckt ist.

c) Blumenkohlröschen auf ein mit Folie ausgelegtes Backblech geben. Danach 5 Minuten backen.

d) Den gerösteten Blumenkohl in eine Küchenmaschine geben und einige Male pulsieren, um ihn zu zerkleinern.

e) In einer Rührschüssel alle Zutaten (Mandelmehl) vermengen, bis eine klebrige Masse entsteht.

f) Aus der Blumenkohlmischung Bratlinge formen und in Mandelmehl panieren.

g) Backen Sie bei 400°F für 15 Minuten oder bis die Außenseite knuspriger ist.

h) Aus dem Ofen nehmen, vor dem Servieren etwas abkühlen lassen!

26. Seitan-Pizzabecher

Macht 2

Zutaten

- 1 Unze. Vollfetter Frischkäse

- 1 1/2 Tassen Vollmilch-Mozzarella-Käse

- 1 großes Ei, geschlagen

- 1 Tasse Mandelmehl

- 2 Esslöffel Kokosmehl

- 1/3 Tasse Pizzasauce

- 1/3 Tasse geriebener Cheddar-Käse

- 1/2 Packung Seitan oder etwa 4 Unzen, gewürfelt

Richtungen

a) Ofen auf 400°F vorheizen.

b) Kombinieren Sie Frischkäse und Mozzarella in einer großen mikrowellengeeigneten Schüssel und stellen Sie sie 1 Minute lang in die Mikrowelle, wobei Sie mehrmals umrühren.

c) Fügen Sie das geschlagene Ei und beide Mehle hinzu und rühren Sie schnell um, bis eine Kugel entsteht. Von Hand kneten, bis es leicht klebrig ist.

d) Den Teig in 8 Stücke teilen. Legen Sie ein Stück zwischen zwei Blätter gefettetes Pergamentpapier und rollen Sie es mit einem Nudelholz aus.

e) Drücken Sie jedes Teigstück in gefettete Muffinformen, um kleine Teigförmchen zu formen.

f) 15 Minuten backen oder bis sie goldbraun sind.

g) Aus dem Ofen nehmen und jeweils mit Pizzasauce, Cheddar und Seitan bestreuen. Für fünf Minuten in den Ofen stellen, bis der Käse schmilzt.

h) Aus den Muffinformen nehmen und servieren.

27. Mit Speck umwickelte Jalapeño-Poppers

Zutaten

- 16 frische Jalapenos
- 16 Speckstreifen
- $\frac{1}{4}$ Tasse Cheddar-Käse (geschreddert)
- 4 Unzen. von Frischkäse
- 1 Teelöffel Salz
- 1 Teelöffel Paprika

Richtungen

a) Ofen auf 350 □F vorheizen.

b) Jalapeño längs halbieren. Entfernen Sie die Stängel, Samen und die innere Membran.

c) Frischkäse und Cheddar-Käse in einer Schüssel vermischen.

d) Füllen Sie jede Jalapeño-Hälfte mit der Käsemischung.

e) Jeden Speckstreifen halbieren.

f) Wickeln Sie jede gefüllte Jalapeño-Hälfte mit einem halben Speckstreifen ein.

g) Legen Sie sie auf eine Auflaufform.

h) 20 bis 25 Minuten backen.

i) Mit Salz und Paprika abschmecken.

28.   Apfel-Zimt-Riegel

Zutaten

- 1 Tasse Pekannüsse

- 1/4 Tasse getrocknete Äpfel, gefroren

- 1 Tasse Wasser

- 1/4 Tasse Butter, weich

- 1 Teelöffel Vanilleextrakt

- 1/2 Teelöffel Zimt

- 2 Esslöffel Erythrit

- 1 $\frac{1}{2}$ Teelöffel Backpulver

- 1 Esslöffel gemahlener Leinsamen

Richtungen

a) Ofen auf 350 ⏾F vorheizen.

b) Eine Brownieform gut einfetten.

c) Alle Zutaten in einen Mixer geben und glatt pürieren.

d) Gießen Sie die gemischte Mischung in die Brownie-Pfanne und backen Sie sie etwa 45 Minuten lang.

e) Abkühlen lassen und servieren.

29.   Linzer Plätzchen

Zutaten

- Für die Kekse

- 3 Unzen Butteraufstrich, weich

- 2 Esslöffel Erythrit

- 1 Esslöffel Mandelextrakt

- 6 Esslöffel Kokosmehl

- 2 Esslöffel Frischkäse, weich

- Für die Füllung

- $\frac{1}{4}$ Tasse zuckerfreie Himbeermarmelade

Richtungen

a) Heizen Sie den Ofen auf 350F vor.

b) Butter, Frischkäse, Mandelextrakt und Süßstoff vermischen.

c) Nun das Kokosmehl gründlich untermischen. Kneten Sie es einige Zeit

d) Nun den Teig ausrollen, bis er etwa 5 mm dick ist.

e) Schneiden Sie nun mit einem Ausstecher 10 „untere" und 10 „obere" Stücke aus.

f) Auf ein Backblech legen und etwa 10 Minuten backen.

g) Aus dem Ofen nehmen und etwa 30 Minuten abkühlen lassen.

h) 1 Teelöffel der Marmelade auf einem „unteren" Keks verteilen und dann mit einem „oberen" Keks belegen. Wiederholen, bis alle Cookies verbraucht sind.

i) Dienen.

30. Schokoladen-Proteinkugeln

Zutaten

- 90 g (2 Messlöffel) Schokoladenprotein

- 1 Tasse Kokoscreme

- 1/2 Teelöffel Minzextrakt

- $\frac{1}{4}$ Tasse gemahlener Leinsamen

- 2 Esslöffel Kakaopulver

- $\frac{1}{2}$ Teelöffel Vanilleextrakt

Richtungen

a) Die Kokoscreme in eine große Rührschüssel geben.

b) Nun den Minzextrakt und den Vanilleextrakt hinzugeben und gut vermischen.

c) Fügen Sie die Leinsamen und das Schokoladenprotein hinzu und kneten Sie den Teig gründlich durch.

d) Aus diesem Teig ca. 24 Kugeln formen und ca. 15 Minuten kühl stellen.

e) Kugeln in Kakaopulver wälzen.

f) Dienen.

31.   Erbstück Tomatentarte

Zutaten

Für die Kruste

- 2 Eier

- $\frac{3}{4}$ Tasse Kokosmehl

- $\frac{1}{2}$ Tasse Kokosöl

- $\frac{1}{2}$ Teelöffel Salz

Für die Füllung

- 4 Unzen Tomaten, Erbstück

- 3 Unzen Käse

- Salz und Pfeffer nach Geschmack

Richtungen

a) Heizen Sie den Ofen auf 350F vor.

b) Alle Zutaten für die Kruste miteinander vermischen.

c) Drücken Sie die Mischung in eine Pfanne, verteilen Sie sie gleichmäßig und lassen Sie sie 20 Minuten lang backen.

d) Die Kruste aus dem Ofen nehmen und Käse darüber streuen.

e) Schneiden Sie die Tomaten in $\frac{1}{4}$-Zoll-Scheiben und legen Sie sie dann auf den Käse.

f) Fügen Sie Salz und Pfeffer sowie beliebige andere Gewürze wie zum Beispiel Oregano hinzu.

g) Pfanne abdecken und 20 Minuten backen.

32.   Pommes mit grünen Bohnen

Zutaten

- 1 großes Ei

- 12 Unzen. von grünen Bohnen

- $\frac{1}{2}$ Teelöffel Knoblauchpulver

- $\frac{2}{3}$ Tasse geriebenen Parmesan

- $\frac{1}{4}$ Teelöffel Paprika

- $\frac{1}{4}$ Teelöffel schwarzer Pfeffer

- $\frac{1}{2}$ Teelöffel Salz

Richtungen

a) Backofen auf 400F vorheizen.

b) Grüne Bohnen waschen, trocken tupfen und die Enden abschneiden.

c) In einer flachen Schüssel oder auf einem Teller den geriebenen Parmesankäse und die Gewürze gleichmäßig mischen.

d) Ei in einer großen Schüssel verquirlen.

e) Die grünen Bohnen gründlich im Ei ausbaggern, überschüssiges Ei abtropfen lassen.

f) Die grünen Bohnen in die Käsemischung drücken.

g) Streuen Sie bei Bedarf manuell zusätzlichen Käse auf die grünen Bohnen.

h) Legen Sie die Bohnen auf ein gefettetes Backblech.

i) 10 Minuten backen, bis der Käse eine leicht goldene Farbe hat.

33.　　　Gesalzene Mandel und Kokosnussrinde

Zutaten

- $\frac{1}{2}$ Tasse Kokosnussbutter

- 3,5 Unzen dunkle Schokolade

- $\frac{1}{2}$ Tasse Mandeln

- $\frac{1}{2}$ Teelöffel Mandelextrakt

- $\frac{1}{2}$ Tasse ungesüßte Kokosflocken

- 10 Tropfen flüssiges Stevia

- Meersalz nach Geschmack

Richtungen

a) Ofen auf 350⬜F vorheizen.

b) Ein Backblech mit Folie auslegen. Kokos und Mandeln darauf verteilen.

c) 5 bis 8 Minuten im Ofen rösten.

d) Gelegentlich umrühren, um ein Anbrennen zu verhindern.

e) Nachdem sie gründlich geröstet sind, zum Abkühlen beiseite stellen.

f) Die dunkle Schokolade im Wasserbad schmelzen.

g) Kokosmus unterrühren.

h) Mandelextrakt und flüssiges Stevia hinzufügen. Gut mischen und beiseite stellen.

i) Ein Backblech mit Backpapier auslegen und die Schokoladenmasse darauf verteilen.

j) Mit der Rückseite eines Löffels oder Spatels gleichmäßig verteilen.

k) Geröstete Mandeln und Kokosflocken gleichmäßig darüber streuen und leicht andrücken.

l) Mit Meersalz bestreuen. 1 Stunde kalt stellen.

## 34.	Gurkenboote

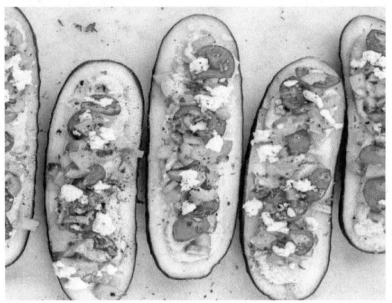

Zutaten

- 1 kleine Gurke längs halbieren und entkernen

- 4 Scheiben Putenschinken, knusprig gegart, dann zerkrümelt

- Eine 6-Zoll-Vollkorntortilla; wenig Kohlehydrate

- 3 Unzen. weicher Schlagsahnekäse

- 1 Scheibe geräucherter Feinkosttruthahn, fein gewürfelt

- 1 Esslöffel Mayonnaise

- 1 Esslöffel geriebener Parmesankäse

- $\frac{1}{4}$ Teelöffel getrocknetes Basilikum

- 1 Esslöffel gewürfelter Pimiento-Pfeffer

Richtungen

a) Frischkäse, getrocknetes Basilikum, Truthahnwürfel, Mayonnaise, Parmesan, Speck und Pimientos in einer mittelgroßen Schüssel mischen.

b) Mit einem Löffel die Gurkenhälften aushöhlen.

c) Die Mischung in die Gurkenhälften geben.

d) Schneiden Sie die Ränder der Tortilla ab, um sie quadratisch zu machen.

e) Schneiden Sie das Quadrat diagonal in zwei Hälften, sodass zwei Dreiecke entstehen.

f) Legen Sie jede Gurkenhälfte in die Mitte eines Dreiecks und wickeln Sie Tortilla um die Gurke.

g) Halten Sie ein um eine Gurke gewickeltes Tortilla-Dreieck und schieben Sie einen Holzspieß auf der einen Seite hinein und auf der anderen wieder heraus, um ein „Boot" zu bilden.

h) Auf das Serviertablett legen.

35. Kokos-Hähnchen-Finger

Zutaten

- 1 Ei, mittel

- 1 Pfund knochenlose, hautlose Hühnchentender

- $\frac{1}{8}$ Teelöffel Zimt

- 1 Tasse ungesüßte Kokosraspeln

- $\frac{1}{2}$ Tasse Cashewmehl

- $\frac{1}{4}$ Teelöffel Knoblauchpulver

- $\frac{1}{4}$ Teelöffel Salz

- $\frac{1}{4}$ Teelöffel Pfeffer

Richtungen

a) Ofen auf 375 ⁰F vorheizen.

b) Ein Backblech mit Pergamentpapier auslegen.

c) Das Ei in einer Schüssel verquirlen und beiseite stellen.

d) In einer anderen Schüssel Kokosraspeln, Zimt, Cashewmehl, Knoblauchpulver, Salz und Pfeffer mischen.

e) Tauchen Sie die Hähnchenbrustfilets in das Ei und tauchen Sie sie dann in die Mehlmischung.

f) Ordnen Sie die Tender auf dem Backblech mit gleichmäßigen Abständen an.

g) 15 bis 20 Minuten backen.

h) Dienen

HAUPTKURS

36. Cremiges toskanisches Knoblauchhuhn

PORTIONEN: 6 PORTIONEN

Zutaten

- $1\frac{1}{2}$ Pfund knochenlose, hautlose Hähnchenbrust, in dünne Scheiben geschnitten

- 2 Esslöffel Olivenöl

- 1 Tasse Sahne

- 1/2 Tasse Hühnerbrühe

- 1 Teelöffel Knoblauchpulver

- 1 Teelöffel italienische Gewürze

- 1/2 Tasse Parmesankäse

- 1 Tasse Spinat gehackt

- 1/2 Tasse sonnengetrocknete Tomaten

Richtungen

a) In einer großen Pfanne Olivenöl hinzufügen und das Hähnchen bei mittlerer Hitze 3-5 Minuten auf jeder Seite braten oder bis es auf jeder Seite braun und gar ist, bis es in der Mitte nicht mehr rosa ist. Hühnchen herausnehmen und auf einem Teller beiseite stellen.

b) Schlagsahne, Hühnerbrühe, Knoblauchpulver, italienische Gewürze und Parmesankäse hinzufügen. Bei mittlerer Hitze schlagen, bis es anfängt einzudicken.

c) Den Spinat und die getrockneten Tomaten hinzugeben und köcheln lassen, bis der Spinat zusammenzufallen beginnt. Das Hähnchen wieder in die Pfanne geben und auf Wunsch mit Nudeln servieren.

37.   Mit Lasagne gefüllter Spaghettikürbis

Zutaten

- 1 Pfund italienische Wurst

- 1 Spaghettikürbis

- 1 Tasse Low-Carb-Nudelsauce

- 1/4 Tasse Ricotta

- 1 Tasse Mozzarella

- 1/4 Tasse Parmesan

- Salz, Pfeffer, italienische Gewürze nach Geschmack

- Petersilie, garnieren

Richtungen

a) Den Kürbis halbieren, entkernen und mit der Schnittfläche nach unten in eine Auflaufform in 1-2 Zoll Wasser legen

b) Backen Sie bei 400 für 45-50 Minuten oder bis sie weich sind

c) Während der Kürbis backt, braune italienische Wurst

d) Nudelsoße zum Fleisch geben und mit Gewürzen 10-15 Minuten köcheln lassen

e) Den Kürbis herausnehmen und das Innere des Kürbisses mit einer Gabel auskratzen, die Stränge in den Mixtopf geben

f) Kombinieren Sie Kürbissträngе mit Fleischsauce, Ricotta, einer halben Tasse Mozzarella und Parmesan

g) Die Mischung zurück in die Kürbisschale oder in eine Auflaufform geben und mit dem restlichen Mozzarella bedecken

h) 10-15 Minuten backen, bis der Käse sprudelnd und golden ist

i) Mit gehackter Petersilie garnieren

38. Gegrillter Schwertfisch mit mediterranem Touch

Zutaten

- 6 bis 12 Knoblauchzehen, geschält

- ⅓ Tasse natives Olivenöl extra

- 2 Esslöffel frischer Zitronensaft, mehr für später

- 1 Teelöffel Koriander

- ¾ Teelöffel Kreuzkümmel

- ½ bis 1 Teelöffel süßer spanischer Paprika

- ¾ Teelöffel Salz

- ½ Teelöffel frisch gemahlener schwarzer Pfeffer

- 4 Schwertfischsteaks, jeweils etwa 5 bis 6 Unzen, aus nachhaltigen Quellen

- Gemahlener roter Pfeffer, optional

Richtungen

a) Knoblauch, Zitronensaft, Olivenöl, Gewürze, Salz und
    Pfeffer in einer Küchenmaschine etwa drei Minuten lang
    oder bis alles gut vermischt ist und eine dicke und glatte
    Marinade bildet, pürieren.

b) Die Schwertfischsteaks trocken tupfen und in eine Pfanne
    (oder eine Schale mit Beilagen) legen und die Marinade
    großzügig auf beiden Seiten auftragen und etwa 15 Minuten
    beiseite stellen, während Sie den Grill erhitzen.

c) Heizen Sie einen Gasgrill auf hoher Stufe vor (achten Sie
    darauf, die Roste vor dem Gebrauch einzuölen). Wenn Sie
    fertig sind, grillen Sie die Fischsteaks bei starker Hitze 5
    bis 6 Minuten auf einer Seite, wenden Sie sie einmal und
    grillen Sie sie auf der anderen Seite etwa 3 Minuten lang.

d) Zum Schluss mit einem Spritzer frischem Zitronensaft und
    einer Prise zerdrückter Paprikaflocken abrunden, wenn Sie
    Schärfe mögen. Genießen!

39. Granatapfel-Ahorn glasierte Lammkoteletts

Zutaten

Lammkoteletts

- 2 Esslöffel natives Olivenöl extra
- 2 Esslöffel Granatapfelsirup
- 2 Esslöffel Ahornsirup
- 1 Knoblauchzehe
- $\frac{3}{4}$ Teelöffel trockener Senf
- Zwölf 3-Unzen-Lammkoteletts
- Koscheres Salz und frisch gemahlener schwarzer Pfeffer
- $\frac{1}{4}$ Tasse gehackte frische Minze

Salat

- 3 Esslöffel natives Olivenöl extra
- Saft von 1 Zitrone
- Koscheres Salz und frisch gemahlener schwarzer Pfeffer
- Ein 4-Unzen-Beutel Babyspinat
- $\frac{1}{3}$ Tasse grob zerrissene Minzblätter
- $\frac{1}{2}$ rote Zwiebel, in dünne Scheiben geschnitten
- $\frac{1}{2}$ Tasse Granatapfelkerne

- 1 Tasse gehobelte Mandeln, geröstet

Richtungen

a) MACHEN SIE DIE LAMMKOTELETTEN: Erhitzen Sie Ihren Grill oder Ihre Grillpfanne bei starker Hitze.

b) In einer kleinen Schüssel Olivenöl, Granatapfelsirup und Ahornsirup verquirlen. Reiben Sie den Knoblauch in die Mischung und fügen Sie den trockenen Senf hinzu; Schneebesen zu kombinieren.

c) Die Lammkoteletts mit Salz und Pfeffer würzen. Beide Seiten jedes Lammkoteletts großzügig mit der Glasur bestreichen und überschüssige Glasur zurückbehalten. Die Lammkoteletts portionsweise grillen, bis sie gut verkohlt sind, einmal wenden und mit der zurückbehaltenen Glasur bestreichen, etwa 4 Minuten pro Seite. Mit Folie zelten und ruhen lassen, während Sie den Salat zubereiten.

d) DEN SALAT ZUBEREITEN: In einer großen Schüssel Olivenöl und Zitronensaft verquirlen; mit Salz und Pfeffer abschmecken. Spinat, Minzblätter, rote Zwiebel, Granatapfelkerne und Mandeln hineingeben.

e) Die Lammkoteletts mit der gehackten Minze garnieren und mit dem Salat servieren.

40. Schwertfisch mit zerdrückten Oliven und Oregano

6 Portionen

Zutaten

- 2 Tassen Castelvetrano-Oliven (oder ähnliche milde grüne Oliven), entkernt und zerdrückt

- 2 Esslöffel Weißweinessig oder frischer Zitronensaft

- Blätter von 6 Zweigen frischer Oregano oder Majoran

- $\frac{1}{4}$ Tasse plus 2 Esslöffel Olivenöl, geteilt

- Koscheres Salz und frisch gemahlener schwarzer Pfeffer

- 3 oder 4 Schwertfischsteaks (jeweils 8 bis 10 Unzen), 1 bis 1$\frac{1}{4}$ Zoll dick

- 2 Knoblauchzehen, in dünne Scheiben geschnitten

- $\frac{1}{4}$ Tasse frische Petersilienblätter, zarte Blätter und Stängel

- 2 Zitronen, halbiert, zum Servieren

Richtungen

a) Kombinieren Sie in einer mittelgroßen Schüssel die Oliven, den Essig, die Hälfte der Oreganoblätter und $\frac{1}{4}$ Tasse Olivenöl. Mit Salz und Pfeffer würzen und ruhen lassen, während Sie den Schwertfisch zubereiten.

b) Den Schwertfisch mit Salz und Pfeffer würzen. Die restlichen 2 Esslöffel Olivenöl in einer sehr großen Pfanne bei mittlerer Hitze erhitzen.

c) Wenn nötig, in Portionen arbeiten, die Schwertfischsteaks dazugeben und darauf achten, dass sie etwas Abstand zueinander haben. 5 bis 7 Minuten garen, bis die Steaks auf einer Seite tief goldbraun sind. Wenden Sie die Steaks mit einem Fischspatel oder einem normalen Pfannenwender und garen Sie sie weitere 4 bis 6 Minuten, bis sie auf der anderen Seite ebenfalls goldbraun sind.

d) Übertragen Sie den Fisch auf eine große Servierplatte oder Auflaufform. Den Knoblauch in die Pfanne geben und 1 oder 2 Minuten braten, bis er gerade weich ist. Die Olivenmischung hinzugeben und vom Herd nehmen.

e) Löffeln Sie etwas von der Olivenmischung über den Schwertfisch und lassen Sie ihn einige Minuten ruhen, damit die Sauce marinieren und diesen Fisch wirklich kennenlernen kann.

f) Mit der Petersilie und dem restlichen Oregano bestreuen
und mit der restlichen Olivenmischung und den
Zitronenhälften zum Drüberdrücken servieren.

41.   Lachs-Harissa-Joghurt

Zutaten

- 50 g Kuskus

- 2 Esslöffel Sultaninen

- 1 Teelöffel gemahlener Zimt, plus eine Prise

- 200 ml heiße Gemüsebrühe

- 1 Esslöffel Honig

- 1 Esslöffel Olivenöl

- 2 Lachsfilets

- 1 Esslöffel Harissa-Paste

- 170 g griechischer Joghurt

Richtungen

a) Den Grill anheizen. Couscous, Sultaninen, den größten Teil des Korianders, 1 Teelöffel Zimt und Gewürze in eine Schüssel geben. Mit heißer Gemüsebrühe aufgießen und 5 Minuten ziehen lassen.

b) Zimt, Honig und Öl vermischen. Lachs auf ein Backblech legen, auf der Honigmischung verteilen und würzen. Unter dem Grill 8 Minuten garen, bis der Fisch gar ist.

c) Harissa und Joghurt verquirlen. Couscous mit einer Gabel auflockern und mit Fisch und Joghurt servieren.

42.　Moussaka

Zutaten

- 1 Esslöffel Olivenöl

- 1 Zwiebel, fein gehackt

- 2 Knoblauchzehen, fein gehackt

- 500 g mageres Rinderhack

- 1 Aubergine

- 2 Esslöffel Tomatenpüree

- 2 Teelöffel gemahlener Zimt

- 200g Packung Feta-Käse, zerbröselt

- Frische Minze

- Schwarzbrot, zum Servieren (optional)

Richtungen

a) Das Öl in einer Pfanne erhitzen. Zwiebel und Knoblauch dazugeben und weich dünsten. Hackfleisch dazugeben und 3-4 Minuten braten, bis es gebräunt ist.

b) Die Tomaten in die Pfanne geben und das Tomatenpüree und den Zimt unterrühren, dann würzen. Das Hack 20 Minuten köcheln lassen. Die Aubergine nach halber Zeit dazugeben.

c) Streuen Sie den Feta und die getrocknete Minze über das Hackfleisch. Mit geröstetem Brot servieren.

43.   Griechischer Salat

Zutaten

- 120 g Tomaten, geviertelt

- 1 Gurke, geschält, entkernt, dann grob gehackt

- $\frac{1}{2}$ rote Zwiebel, in dünne Scheiben geschnitten

- 16 Kalamata-Oliven

- 1 Teelöffel getrockneter Oregano

- 50 g Feta-Käse, zerbröselt

- 2 Esslöffel Olivenöl

Richtungen

a) Alle Zutaten in eine große Schüssel geben und leicht würzen.

b) Mit Vollkornbrot servieren (optional)

44. Gegrillte Auberginenscheiben mit Hummus

Zutaten

- 1 Aubergine, längs aufgeschnitten

- 2 Esslöffel Olivenöl

- 2 Scheiben Schwarzbrot

- 150 g Hummus

- 50 g Walnüsse, geröstet

- 40 g Petersilie, Blätter gehackt

- 100 g Kirschtomaten, geviertelt

- Saft $\frac{1}{2}$ Zitrone

Richtungen

a) Aubergine auf das Backblech legen. Olivenöl zugeben, dann würzen. 15 Minuten grillen, dabei zweimal wenden, bis sie gar sind. Brot zu Bröseln schlagen.

b) Hummus auf Auberginenscheiben verteilen. Semmelbrösel auf einen Teller geben, dann die Humusseite der Aubergine in die Bröseln drücken, um sie zu bestreichen. Nochmals 3 Minuten mit der Krümelseite nach oben grillen. bis golden.

c) Walnüsse, Petersilie und Tomaten in eine Schüssel geben, würzen, dann Zitronensaft hinzugeben. Mit Salat servieren.

45.   Hähnchen-Pfirsich-Fusion

Zutaten

- 200 g Hähnchenbrust

- 2 Esslöffel Olivenöl

- 2 reife Pfirsiche, entkernt und geviertelt

- 2 Teelöffel Rotweinessig

- $\frac{1}{2}$ Esslöffel klarer Honig

- $\frac{1}{2}$ rote Chili, fein gehackt

- 55g Beutel Kräutersalat

- 50 g Feta-Käse, zerbröselt

- Brokkoli/grüne Bohnen zum Servieren (optional)

Richtungen

a) Eine Bratpfanne erhitzen. Legen Sie das Huhn in $\frac{1}{2}$ Esslöffel Öl und würzen Sie es. 3-4 Minuten auf jeder Seite braten, bis sie gar sind. Auf einen Teller geben.

b) Pfirsichscheiben in $\frac{1}{2}$ Esslöffel Öl mit schwarzem Pfeffer geben. 1-2 Minuten pro Seite grillen.

c) Restliches Olivenöl, Essig, Honig und Chili mischen. Mit den Salatblättern anrichten. Das Hähnchen mit den Pfirsichscheiben darauf anrichten und vor dem Servieren mit Feta bestreuen.

46.   Low-Carb Hühnchen-Curry

Macht 3

Zutaten

- 2 Esslöffel Kokosöl
- 5-Zoll-Ingwer
- 1 mittelgroße grüne Chili
- 2 kleine Schalotten
- 2 Knoblauchzehen
- 2 Teelöffel Kurkumapulver
- 1 Stiel Zitronengras
- 1/2 Tasse Kokosmilch
- 1/2 Tasse Wasser
- 6 kleine Hähnchenkeulen
- 1/2 Teelöffel Salz
- 1 Esslöffel Koriander, gehackt

Richtungen

a) Ingwer, grüne Chili, Schalotten und Knoblauchzehen in einem Mörser oder Mixer zerdrücken.

b) Kokosöl auf mittlerer Stufe erhitzen und die zerkleinerten Zutaten hinzufügen. 3 Minuten kochen.

c) Fügen Sie Kurkumapulver und zerdrücktes Zitronengras hinzu.

d) Hähnchen untermischen.

e) Kokosmilch und Wasser hinzugeben. Mit Salz würzen und etwa 20 Minuten köcheln lassen.

f) Mit einer Prise Koriander servieren!

47.   Hähnchen-Zucchini-Nudeln

Macht 1

Zutaten

- 1/2 Teelöffel Currypulver
- 5 oz. Hähnchenschenkel, in mundgerechte Stücke geschnitten
- 1 Esslöffel Kokosöl
- 1 Stange Frühlingszwiebel
- 1 Knoblauchzehe
- 5 oz. Zucchini, spiralisiert
- 1 Teelöffel Sojasauce
- 1/2 Teelöffel Austernsauce
- 1/8 Teelöffel Weißer Pfeffer
- 1 Teelöffel Limettensaft
- Rote Chilischoten, gehackt
- Salz und Pfeffer nach Geschmack

Richtungen

a) Beginnen Sie, indem Sie das Huhn mit Currypulver und einer Prise Salz und Pfeffer würzen.

b) Kombinieren Sie Sojasauce, Austernsauce und weißen Pfeffer, um die Sauce herzustellen.

c) In einer Pfanne das gewürzte Hähnchen mit Kokosöl anbraten. Für einen Moment beiseite stellen.

d) In derselben Pfanne Frühlingszwiebeln und gehackten Knoblauch anbraten und Zucchini-Nudeln in die Pfanne geben.

e) In die Soße geben und gut vermischen. Einkochen bis nur noch wenig Flüssigkeit übrig bleibt.

f) Die gebratenen Hähnchenstücke unterrühren.

48.   Lachs mit Estragon-Dill-Sauce

Macht 2

Lachsfilets

- 1 1/2 Pfund Lachsfilet
- 3/4-1 Teelöffel getrockneter Estragon
- 3/4-1 Teelöffel getrocknetes Dillkraut
- 1 Esslöffel Entenfett
- Salz und Pfeffer nach Geschmack

Sahnesauce

- 2 Esslöffel vegane Butter
- 1/4 Tasse Vegane Sahne
- 1/2 Teelöffel getrockneter Estragon
- 1/2 Teelöffel getrocknetes Dillkraut
- Salz und Pfeffer nach Geschmack

Richtungen

a) Fisch mit Estragon, Dill, Salz und Pfeffer würzen. Die Haut umdrehen und nur mit Salz und Pfeffer würzen.

b) In einer gusseisernen Keramikpfanne das Entenfett bei mittlerer Hitze schmelzen. Wenn die Pfanne erhitzt ist, den Lachs mit der Hautseite nach unten legen.

c) Kochen Sie den Lachs für 4-6 Minuten oder bis die Haut knusprig wird. Reduzieren Sie die Hitze auf eine niedrige Stufe und wenden Sie den Lachs, sobald die Haut knusprig ist.

d) Kochen Sie den Fisch, bis er den gewünschten Gargrad erreicht hat.

e) Den Lachs aus der Pfanne nehmen und auf einen Teller legen. Butter und Gewürze in der Pfanne bräunen lassen. Wenn die Butter gebräunt ist, die Sahne hinzugeben und alles miteinander verrühren. Mit Broccoli und der Sahnesauce servieren.

49.   Zucchini-Nudeln mit Parmesan

Macht 2

Zutaten

- 2 mittelgroße Zucchini
- 2 Esslöffel Butter
- 3 große Knoblauchzehen, gehackt
- 3/4 Tasse Parmesankäse
- koscheres Salz, nach Geschmack
- schwarzer Pfeffer, nach Geschmack
- 1/4 Teelöffel rote Chiliflocken

Richtungen

a) Schneiden Sie Zucchini mit dem Gemüse-Spiralschneider oder dem Julienne-Schäler in Spiralen oder Nudelstränge. Nudeln beiseite stellen.

b) Große Pfanne bei mittlerer Hitze erhitzen. Butter schmelzen, dann Knoblauch hinzufügen. Kochen Sie den Knoblauch etwa 30 Sekunden lang, bis er duftet und durchscheinend ist.

c) Fügen Sie Zucchini-Nudeln hinzu und kochen Sie sie bis sie weich sind, ungefähr 3-5 Minuten.

d) Die Pfanne vom Herd nehmen, Parmesankäse hinzufügen und großzügig mit Salz und Pfeffer abschmecken.

e) Chiliflocken dazugeben und warm servieren.

50.   Keto-Räucherlachs und Avocado

Ergibt 2 Portionen

Zutaten

- 8 Unzen. Räucherlachs

- 2 Avocados

- 2 Esslöffel Mayonnaise

- Salz und Pfeffer

Richtungen

a) Die Avocado halbieren, den Kern entfernen und die Avocadostücke mit einem Löffel aushöhlen. Auf einen Teller legen.

b) Lachs und einen herzhaften Klecks Mayonnaise auf den Teller geben.

c) Mit frisch gemahlenem schwarzem Pfeffer und einer Prise Meersalz garnieren.

51. Keto-Kung-Pao-Huhn

Ergibt 2 Portionen

Zutaten

- 2 mittelgroße Hähnchenschenkel ohne Knochen, in mundgerechte Stücke geschnitten
- 1 Teelöffel gemahlener Ingwer
- Salz und Pfeffer nach Geschmack
- 1/4 Tasse Erdnüsse
- 1/2 mittelgroße grüne Paprika, gewürfelt
- 2 große Frühlingszwiebeln, gehackt
- 4 rote Bird's Eye Chilis, entkernt

Die Soße

- 1 Esslöffel Sojasauce
- 2 Esslöffel Chili-Knoblauch-Paste
- 1 Esslöffel Reduzierter Zucker
- 1 Esslöffel Ketchup
- 2 Teelöffel Sesamöl
- 1/2 Teelöffel Ahornextrakt
- 10 Tropfen flüssiges Stevia

Richtungen

a) Zubereitung der Sauce: Alle Zutaten in eine große Rührschüssel geben und gründlich miteinander vermischen.

b) Hähnchen mit Salz, Pfeffer und gemahlenem Ingwer würzen.

c) Erhitzen Sie eine Pfanne bei mittlerer Hitze und fügen Sie das Huhn hinzu, sobald es sehr erhitzt ist. Kochen, bis das Huhn goldbraun ist.

d) Sobald das Hähnchen gebräunt ist, die Erdnüsse und das Gemüse hinzufügen und noch ein paar Minuten köcheln lassen.

e) Die Sauce in die Pfanne geben und etwas reduzieren lassen.

f) Mit einer Lieblings-Keto-Beilage servieren.

52.   Keto Goa-Muscheln

Macht 4

Zutaten

- 1kg frische Muscheln, gereinigt

- Sonnenblumenöl, zum Braten

- 1 Zwiebel, gehackt

- daumengroßes Stück Ingwer, gerieben

- 4 Knoblauchzehen, zerdrückt

- 2 grüne Chilischoten, gehackt

- 1 Teelöffel schwarze Senfkörner

- $\frac{1}{2}$ Teelöffel gemahlene Kurkuma

- 2 Teelöffel gemahlener Kreuzkümmel

- 2 Teelöffel gemahlener Koriander

- 400 ml Kokosmilch

- Korianderzweige zum Servieren

- Limettenspalten zum Servieren

Richtungen

a) Das Öl in einem Kochtopf erhitzen.

b) Die Zwiebel sehr leicht braun anbraten, dann den Ingwer, den Knoblauch, die Chilis, die Gewürze, eine gute Prise Salz und eine Prise Pfeffer hinzugeben. 2-3 Minuten kochen, bis es duftet und geröstet ist.

c) Mit der Kokosmilch aufgießen und aufkochen, dann einige Minuten köcheln lassen, damit sich alles vermischt.

d) Die Muscheln in die Form geben, abdecken, die Hitze auf Maximum stellen und 3-4 Minuten kochen, bis sich die Muscheln gerade geöffnet haben.

e) Korianderzweige darüber streuen und mit Limettenschnitzen zum Drüberdrücken servieren.

53.   Keto-Kokos-Hähnchen-Tender

Macht 5

Zutaten

- 24 Unzen. Hähnchenschenkel, in Streifen geschnitten
- 1 Tasse Mandeljoghurt
- 1/2 Tasse Mandelmehl
- 1/2 Tasse ungesüßte Kokosraspeln
- 2 Teelöffel Currypulver
- 1/2 Teelöffel Koriander
- 1/4 Teelöffel Knoblauchpulver
- 1/4 Teelöffel Zwiebelpulver
- Salz und Pfeffer nach Geschmack

Richtungen

a) Den Ofen auf 400 Grad Fahrenheit vorheizen.

b) Mandelmehl, Kokosraspeln und Gewürze in eine große wiederverschließbare Plastiktüte geben.

c) Hähnchen in den Mandeljoghurt dippen und dann in die Tüte geben. Versiegeln und schütteln.

d) Legen Sie das Hähnchen zum Abkühlen auf einen Rost.

e) 20 Minuten auf der obersten Schiene des Ofens backen.

f) Wenn das Huhn fertig ist, nimm es aus dem Ofen und serviere es sofort mit einer Keto-Sauce.

54. Shiitake-Cheese-Burger-Auflauf

Ergibt 6 Portionen

Zutaten

- 1 Pfund Hackfleisch (80/20)
- 4 Unzen. Shiitake-Pilze, in Scheiben geschnitten
- 1/2 Tasse Mandelmehl
- 3 Tassen Gehackter Blumenkohl
- 1 Esslöffel Chiasamen
- 1/2 Teelöffel Knoblauchpulver
- 1/2 Teelöffel Zwiebelpulver
- 2 Esslöffel Reduzierter Zucker
- Ketchup
- 1 Esslöffel Dijon-Senf
- 2 Esslöffel Mayonnaise
- 4 Unzen. Cheddar-Käse
- Salz und Pfeffer nach Geschmack

Richtungen

a) Den Ofen auf 350 Grad Fahrenheit vorheizen.

b) In einer großen Rührschüssel alle Zutaten und die Hälfte des Cheddar-Käses mischen.

c) Gießen Sie die Mischung in eine mit Pergament ausgelegte 9x9 Backform. Dann die restliche Hälfte des Cheddar-Käses darüber streuen.

d) 20 Minuten auf der obersten Schiene backen.

e) Nach dem Aufschneiden mit weiteren Toppings servieren.

55. Keto-Sesam-Rindfleisch

Macht 4

Zutaten

- 1 mittelgroßer Daikon-Rettich, spiralisiert
- 1 Pfund Rib-Eye-Steak, in $\frac{1}{4}$-Zoll-Streifen geschnitten
- 1 Esslöffel Kokosmehl
- 1/2 Teelöffel Guarkernmehl
- 4 Esslöffel Sojasauce
- 1 Teelöffel Sesamöl
- 1 Teelöffel Austernsauce
- 1 Teelöffel Sriracha oder Sambal Olek
- $\frac{1}{2}$ Teelöffel rote Paprikaflocken
- 1 Esslöffel geröstete Sesamsamen
- $\frac{1}{2}$ mittelgroße rote Paprika, in dünne Streifen geschnitten
- $\frac{1}{2}$ mittelgroße Jalapeño-Pfeffer, in dünne Ringe geschnitten
- 1 mittelgroße Frühlingszwiebel, gehackt
- 1 Knoblauchzehe, gehackt
- 1 Teelöffel Ingwer, gehackt
- 7 Tropfen flüssiges Stevia
- Öl zum braten

Richtungen

a) Mischen Sie in einer Schüssel Sojasauce, Austernsauce, Sesamöl, Stevia und Sriracha. Sesamsamen und Paprikaflocken hineingeben.

b) In einer Rührschüssel das Rib-Eye-Steak mit dem Kokosmehl und dem Guarkernmehl vermischen.

c) Das Öl in einer Wokpfanne erhitzen. Fügen Sie den Knoblauch, den Ingwer und die Paprikastreifen hinzu und kochen Sie 2 Minuten lang. Fügen Sie die Rindfleischstreifen zusammen mit der Sauce hinzu und rühren Sie um, um sie einzuarbeiten.

d) Für medium-rare weitere 8 Minuten garen, auf Wunsch auch länger.

e) Mit Rettichnudeln, einer Portion Sesamrindfleisch und Jalapeño-Scheiben oder Frühlingszwiebeln als Garnitur servieren.

56.   Gegrillte kurze Keto-Rippchen

Macht 4

Zutaten

Rippchen und Marinade

- 6 große Rinderrippchen
- 1/4 Tasse Sojasauce
- 2 Esslöffel Fischsauce

Gewürz-Rub

- 1 Teelöffel gemahlener Ingwer
- 1/2 Teelöffel Zwiebelpulver
- 1/2 Teelöffel gehackter Knoblauch
- 1/2 Teelöffel rote Paprikaflocken
- 1/2 Teelöffel Sesamsamen
- 1/4 Teelöffel Kardamom
- 1 Esslöffel Salz

Richtungen

a) Sojasauce und Fischsauce in einer Rührschüssel mischen. In die kurzen Rippen legen.

b) Kombinieren Sie die Gewürz-Rub-Zutaten.

c) Die Rippchen herausnehmen und beide Seiten der Rippchen mit der Gewürzmischung bestreichen.

d) Heizen Sie Ihren Grill vor und fangen Sie an, die Rippchen zu garen! Je nach Dicke ca. 3-5 Minuten pro Seite.

e) Mit Gemüse oder einer Beilage nach Wahl servieren.

57. Gegrilltes Keto-Gemüse

Ergibt 6 Portionen

Zutaten

- 2 mittelgroße Zucchini

- 8 Unzen Pilze

- 2 Paprika

- 4 Esslöffel Avocadoöl

- 1/2 Teelöffel getrockneter Oregano

- 1/2 Teelöffel getrocknetes Basilikum

- 1/4 Teelöffel Knoblauchpulver

- 1/2 Teelöffel getrockneter Rosmarin

Richtungen

a) Waschen Sie die Zucchini, schneiden Sie die Enden ab und schneiden Sie sie in etwa 1/4 Zoll dicke Bretter.

b) Waschen Sie die Pilze und entfernen Sie die Stielenden, falls gewünscht.

c) Die Paprika waschen und die Kerne entfernen. Schneiden Sie die Paprika in Drittel oder sogar in Hälften.

d) Kombinieren Sie das Öl mit den getrockneten Gewürzen.

e) Werfen Sie das Gemüse mit der Marinade und lassen Sie es 10 Minuten oder länger ruhen, während Sie den Grill erhitzen.

f) Grillen Sie das Gemüse bei ziemlich heißer Hitze. Kochen Sie das Gemüse, bis es zart-knackig ist, und servieren Sie es!

58.   Toskanisches gegrilltes Rib-Eye

Macht 2

Zutaten

- 2 Rib-Eye-Steaks

- 2 Esslöffel gehackter frischer Rosmarin

- 2 Knoblauchzehen, gehackt

- 1/4 Tasse natives Olivenöl extra

- 3 Esslöffel Balsamico-Essig

- 1 Teelöffel koscheres Salz

- 1/2 Teelöffel schwarzer Pfeffer

Richtungen

a) In einer kleinen Schüssel Rosmarin, Knoblauch, Öl, Essig, Salz und Pfeffer verquirlen.

b) Legen Sie die Steaks und die Marinadenmischung in einen wiederverschließbaren Plastikbeutel.

c) Verschließen, schütteln und 10 Minuten ruhen lassen.

d) Grillen Sie 4-6 Minuten auf jeder Seite für ein medium-rare.

59. Keto-Fleischbällchen-Spieße

Ergibt 6 Spieße

Zutaten

Für die Frikadellen:

- 1 Pfund Hackfleisch (80/20)

- 1 Ei

- 1/4 Tasse Mandelmehl

- 1 Teelöffel gehackter Ingwer

- 1/2 Teelöffel Sesamöl

- 1 1/2 Esslöffel glutenfreie Sojasauce

- 1/4 Tasse Frühlingszwiebeln, gehackt

Für die Soße:

- 1 Esslöffel glutenfreie Sojasauce

- 2 Esslöffel Butter, geschmolzen

- 1 Teelöffel Sesamöl

- 2 Esslöffel Kristallzuckerersatz

- 1/4 Teelöffel Knoblauchpulver

- Für die Spieße:

- 1 kleine Zucchini, der Länge nach in 1-Zoll-Scheiben schneiden

- 1/2 kleine rote Zwiebel, in 1-Zoll-Stücke geschnitten.

- 6 mittelgroße Cremini-Pilze, halbiert

Richtungen

Für die Frikadellen:

a) In einer mittelgroßen Rührschüssel alle Zutaten für die Fleischbällchen mischen und gut mischen. Aus der Masse etwa 18 Frikadellen formen.

b) Braten Sie die Fleischbällchen ein oder zwei Minuten auf jeder Seite in einer erhitzten beschichteten Pfanne an, bis sie hart genug sind, um sie aufzuspießen.

c) In einer kleinen Rührschüssel alle Saucenzutaten glatt rühren.

Für die Spieße:

d) Je drei Frikadellen, zwei Champignonhälften, ein paar Zwiebelstücke und zwei Zucchinistücke auf sechs lange Spieße stecken.

e) Die Spieße von allen Seiten gründlich mit der Soße bestreichen.

f) Etwa 2 Minuten pro Seite bei starker Hitze grillen oder bis das Gemüse nach Belieben gegart und die Fleischbällchen gar sind.

60.   Keto-Lammkoteletts auf dem Grill

Macht 8

Zutaten

- 3 Pfund. Lammkoteletts, 3/4 Zoll dick

Marinade

- 1/4 Tasse Weißweinessig

- 1/2 Tasse Olivenöl

- 1 Teelöffel Oregano

- 1/2 Teelöffel Salz

- 1/4 Teelöffel Pfeffer

- 2 Knoblauchzehen, zerdrückt

- Schale von 1 Zitrone

- Saft von 2 Zitronen

Richtungen

a) Alle Zutaten für die Marinade in einer Rührschüssel vermischen. Die Koteletts mit der Marinade in einen großen Beutel geben und den Beutel verschließen.

b) Die Marinade mit den Händen unter die Koteletts rühren.

c) Nehmen Sie die Lammkoteletts heraus und grillen Sie sie für 5-6 Minuten auf jeder Seite, 135 °F für medium rare.

61. Paprika-Basilikum-Pizza

Zutaten

Der Pizzaboden

- $\frac{1}{2}$ Tasse Mandelmehl

- 1 großes Ei

- 2 Esslöffel Parmesankäse, frisch

- 6 Unzen Mozzarella-Käse

- 2 Esslöffel Frischkäse

- 2 Esslöffel Flohsamenschalen

- 1 Teelöffel italienische Gewürze

- $\frac{1}{2}$ Teelöffel Salz

- $\frac{1}{2}$ Teelöffel Pfeffer

Für die Beläge

- 2/3 Paprika, mittel

- $\frac{1}{4}$ Tasse Marinara-Sauce

- 4 Unzen Cheddar-Käse, zerkleinert

- 3 Esslöffel gehacktes Basilikum, frisch

- 1 mittelgroße Strauchtomate

Richtungen

a) Heizen Sie den Ofen auf 400F vor.

b) Erhitze den Mozzarella-Käse etwa 45 Sekunden lang in der Mikrowelle.

c) Nun alle Zutaten für den Pizzaboden zum geschmolzenen Käse geben und gut vermischen.

d) Den Teig kreisförmig ausrollen.

e) 10 Minuten backen und dann aus dem Ofen nehmen.

f) Jetzt die Toppings hinzufügen und weitere 10 Minuten backen.

g) Pizza aus dem Ofen nehmen und abkühlen lassen.

62.   Keto-Nudeln mit Avocado-Pesto

Zutaten

- $\frac{1}{2}$ Tasse frische Babyspinatblätter

- 1 halbe Avocado

- 1 Knoblauchzehe

- $\frac{1}{4}$ Tasse natives Olivenöl extra

- Tasse frisches Basilikum

- $\frac{1}{2}$ Teelöffel Salz

Richtungen

a) Alle Pesto-Zutaten in einen Mixer geben und gut pürieren. Die langsame Zugabe des Olivenöls bei laufendem Prozessor verhindert, dass sich das Öl abscheidet und emulgiert.

b) So haben Sie etwa 1 Tasse Pesto-Sauce. Sie benötigen $\frac{1}{4}$ Tasse Pesto pro Tüte Nudeln.

63.   Low-Carb-Pizza

Zutaten

- 1 mittelgroßer (ca. 20-21 Unzen) Kopf Blumenkohl
- 1 Tasse Chiasamen
- 1 Tasse Wasser
- Esslöffel Olivenöl
- 1 Teelöffel Meersalz
- $\frac{1}{2}$ Tasse Frischkäse
- 2 Knoblauchzehen, gehackt
- $\frac{1}{2}$ Tasse geriebener Parmesankäse
- $\frac{1}{2}$ Tasse Sahne

Richtungen

a) Alle Blumenkohlröschen vom Strunk entfernen.

b) Mit einer Küchenmaschine in kleinere Stücke schneiden.

c) Die Chiasamen zu Mehl mahlen.

d) Kombinieren Sie das Chiamehl, den gehackten Blumenkohl, Wasser, Olivenöl und Salz in einer Rührschüssel.

e) Gut mischen, bis ein glatter Teig entsteht.

f) 20 Minuten ruhen lassen.

g) Ein Backblech mit Olivenöl bestreichen.

h) Rollen Sie den Teig aus, bis er eine gleichmäßige Schicht ist, und legen Sie ihn auf das Backblech.

i) Backen Sie bei 200 ⛛F für 30 bis 40 Minuten.

j) Die Kruste sollte gründlich gekocht werden. Wenn nicht, beobachten Sie genau, während Sie es länger backen.

k) Wenn die Kruste fertig ist, aus dem Ofen nehmen.

l) Ofen auf 400 ⛛F vorheizen.

m) In einer Küchenmaschine Parmesan, Frischkäse, Schlagsahne und Knoblauch mischen, bis eine glatte Paste entsteht.

n) Verteile es auf dem Pizzaboden.

o) Backen Sie bei 400F für 10 Minuten.

64. Mit Knoblauch gebratene Garnelen mit Zucchini-Nudeln

Zutaten

- 8 Unzen. geschälte Garnelen

- 2 mittelgroße (10-12 Unzen) Schachteln Zucchini Rotini

- Schale einer Zitrone

- 2 Esslöffel geschmolzene Butter

- 2 Knoblauchzehen, gehackt

- 2 Esslöffel Olivenöl

- $\frac{1}{4}$ Teelöffel Salz

- Frisch gemahlener Pfeffer nach Geschmack

Richtungen

a) Ofen auf 400 ⬚F vorheizen.

b) In einer Auflaufform alle Zutaten bis auf die Nudeln mischen.

c) Backen Sie für 8 bis 10 Minuten und rühren Sie die Mischung nach etwa der Hälfte der Zeit gründlich um.

d) In einem großen Topf Wasser zum Kochen bringen und die Nudeln hinzugeben.

e) Al dente kochen und gut abtropfen lassen.

f) Stellen Sie sicher, dass die Garnelen gründlich gekocht wurden.

g) Wenn Sie fertig sind, fügen Sie die Nudeln der Garnelenmischung hinzu. Werfen Sie es und servieren Sie es.

65.   Tandoori-Lachs

Zutaten

- 1 Pfund Lachs

- 2 Teelöffel Paprika

- 3 Teelöffel Senföl

- 1 Teelöffel Korianderpulver

- $\frac{1}{4}$ Teelöffel Ingwerpulver

- 1 Teelöffel Knoblauchpulver

- 1 Teelöffel Chilipulver

- $\frac{1}{2}$ Teelöffel Kurkuma

- $\frac{1}{2}$ Teelöffel Salz

- $\frac{1}{2}$ Teelöffel schwarzer Pfeffer

Richtungen

a) Ofen auf 425 ⬚F vorheizen.

b) Ein Backblech mit Folie auslegen.

c) Alle Gewürze in eine Schüssel geben und gut vermischen.

d) Gießen Sie das Senföl hinein. Schlagen, um eine Paste zu erzeugen.

e) Reiben Sie diese Paste auf den Lachs.

f) Legen Sie den Lachs auf das Backblech.

g) Backen Sie 4 bis 6 Minuten pro $\frac{1}{2}$ Zoll Dicke.

66.   Spinat-Huhn

Zutaten

- 2 Esslöffel Butter

- ½ Packung geschnittene Champignons (ca. 4 Unzen)

- 1 mittelgroße Zwiebel, gehackt

- 2 ½ Pfund Hähnchen, in mundgerechte Stücke geschnitten

- Basilikum, Salz, schwarzer Pfeffer, Knoblauchpulver nach Geschmack

- ½ Beutel gefrorener Spinat (ca. 5 Unzen)

- frisch gepresster Zitronensaft

Richtungen

a) Butter in eine große Pfanne geben.

b) Gehackte Zwiebel und Champignons dazugeben. Braten, bis die Zwiebeln durchscheinend sind.

c) Mischen Sie gut und fügen Sie dann das gehackte Huhn hinzu. Gründlich kochen.

d) Mit Salz, Pfeffer, Basilikum und Knoblauchpulver abschmecken.

e) Zum Schluss den Spinat dazugeben und garen, bis er zusammengefallen ist.

f) Zitronensaft darüber träufeln und servieren.

SALAT UND SUPPE

67.   Israelischer Salat

Zutatenzum

- Gurken

- Reife Tomaten

- rote Zwiebel

- Italienische Petersilie

- Natives Olivenöl extra

- Zitronensaft

- Salz und Pfeffer nach Geschmack

- Feta-Käse (optional)

- Grüner Pfeffer (optional)

- Kichererbsen (optional)

Richtungen

a) Alle Zutaten in eine Schüssel geben und schwenken!

68. Antipasto Salat

Zutaten

- 1 großer Kopf oder 2 Herzen Romaine gehackt

- 4 Unzen Schinken in Streifen geschnitten

- 4 Unzen Salami oder gewürfelte Peperoni

- $\frac{1}{2}$ Tasse Artischockenherzen in Scheiben geschnitten

- $\frac{1}{2}$ Tasse Olivenmischung aus Schwarz und Grün

- $\frac{1}{2}$ Tasse scharfe oder süße Paprika, eingelegt oder geröstet

- Italienisches Dressing nach Geschmack

Richtungen

a) Alle Zutaten in einer großen Salatschüssel vermengen.

b) Mit italienischem Dressing abschmecken.

69. Gefüllte Zucchinischiffchen mit Tomaten und Feta

PORTIONEN 6 Zucchinischiffchen

Zutaten

- 3 Zucchini putzen und der Länge nach halbieren

- Natives Olivenöl extra Ich habe Early Harvest Greek EVOO verwendet

- Koscheres Salz und Pfeffer nach Belieben

- Getrockneter Oregano nach Belieben groß bestreuen

- 6 Unzen. Kirschtomaten halbiert

- 3 Frühlingszwiebeln sowohl weiße als auch grüne Teile, Enden getrimmt, gehackt

- $\frac{1}{2}$ Tasse zerbröckelter Feta-Käse mehr nach Ihrem Geschmack

- 6 bis 10 frische Minzblätter gehackt

- Große Handvoll frische Petersilie gehackt

- Schale von 1 Zitrone

- Spritzer Zitronensaft nicht zu viel

Richtungen

a) Erhitzen Sie eine gusseiserne Pfanne oder eine Indoor-Grillplatte bei mittlerer Hitze.

b) Zucchini auf beiden Seiten großzügig mit nativem Olivenöl extra bestreichen. Zucchini (insbesondere Fleischseite) mit Salz, frisch gemahlenem Pfeffer und Oregano würzen.

c) Legen Sie die Zucchini mit der Fleischseite nach unten auf den vorgeheizten Grill (oder die Indoor-Grillplatte). 3 bis 5 Minuten grillen, bis sie weich und schön angekohlt sind, dann auf die Rückseite wenden und weitere 3 bis 5 Minuten grillen, bis auch diese Seite weich ist und etwas Farbe bekommt.

d) Zucchini vom Herd nehmen und ausreichend abkühlen lassen.

e) Um Zucchiniboote herzustellen, verwenden Sie einen kleinen Löffel, um das Fruchtfleisch herauszuschöpfen (nicht wegwerfen). Alle Flüssigkeit aus dem Fruchtfleisch der Zucchini auspressen.

f) Machen Sie die Füllung für die Zucchinischiffchen. Das Zucchinifleisch in eine Rührschüssel geben und Kirschtomaten, Frühlingszwiebeln, Feta, Minze, Petersilie und Zitronenschale hinzufügen. Fügen Sie einen kleinen Spritzer Zitronensaft hinzu und streuen Sie noch etwas Oregano darüber. Träufeln Sie ein wenig extra natives Olivenöl und mischen Sie alles zusammen.

g) Füllmasse in die vorbereiteten Zucchinischiffchen füllen und auf einer Servierplatte anrichten. Genießen!

70. Gemischter Bohnensalat

Zutaten

- 145 g Glas Artischockenherz in Öl

- $\frac{1}{2}$ Esslöffel sonnengetrocknete Tomatenmark

- $\frac{1}{2}$ Teelöffel Rotweinessig

- 200 g Cannellini-Bohnen aus der Dose, abtropfen lassen und abspülen

- 150g Packung Tomaten, geviertelt

- Handvoll schwarze Kalamata-Oliven

- 2 Frühlingszwiebeln, diagonal dünn geschnitten

- 100 g Feta-Käse, zerbröselt

Richtungen

a) Lassen Sie das Artischockenglas ab und bewahren Sie 1-2 Esslöffel Öl auf. Öl, sonnengetrocknetes Tomatenmark und Essig hinzugeben und glatt rühren. Nach Geschmack würzen.

b) Artischocken hacken und in eine Schüssel geben. Cannellini-Bohnen, Tomaten, Oliven, Frühlingszwiebeln und die Hälfte des Feta-Käses zugeben. Die Artischockenöl-Mischung einrühren und in eine Servierschüssel geben. Den restlichen Feta-Käse darüberbröseln und servieren.

71.   Panzanella Salat

Zutaten

- 400 g Tomaten

- 1 Knoblauchzehe, zerdrückt

- 1 Esslöffel Kapern, abgetropft und abgespült

- 1 reife Avocado, entkernt, geschält und gehackt

- 1 kleine rote Zwiebel, sehr dünn geschnitten

- 2 Scheiben Schwarzbrot

- 2 Esslöffel Olivenöl

- 1 Esslöffel Rotweinessig

- kleine Handvoll Basilikumblätter

Richtungen

a) Die Tomaten würfeln und in eine Schüssel geben. Gut würzen und Knoblauch, Kapern, Avocado und Zwiebel hinzufügen. Gut mischen und 10 Minuten beiseite stellen.

b) In der Zwischenzeit das Brot in Stücke reißen und in eine Schüssel geben. Die Hälfte des Olivenöls und die Hälfte des Essigs darüber träufeln. Zum Servieren Tomaten und Basilikumblätter darüberstreuen und mit restlichem Öl und Essig beträufeln. Vor dem Servieren umrühren.

72.   Tomaten-Wassermelonen-Salat

Zutaten

- 1 Esslöffel Olivenöl

- 1 Esslöffel Rotweinessig

- $\frac{1}{4}$ Teelöffel Chiliflocken

- 1 Esslöffel gehackte Minze

- 120 g Tomaten, gehackt

- 250 g Wassermelone, in Stücke geschnitten

- 50 g Feta-Käse, zerbröselt

Richtungen

a) Für das Dressing Öl, Essig, Chiliflocken und Minze verrühren und abschmecken.

b) Tomaten und Wassermelone in eine Schüssel geben. Das Dressing darüber gießen, den Feta dazugeben und servieren.

73.   Karotte, Orange und Avocado

Zutaten

- 1 Orange, plus Schale und Saft von 1

- 2 Karotten, längs halbiert und mit einem Sparschäler in Scheiben geschnitten

- 35g Beutel Rucola (Rucola)

- 1 Avocado, entsteint, geschält und in Scheiben geschnitten

- 1 Esslöffel Olivenöl

Richtungen

a) Kombiniere alles.

74. Hähnchen-Avocado-Salat

Zutaten

- 2 Hähnchenbrust ohne Haut

- 2 Teelöffel Olivenöl (1 für den Salat)

- 2 Teelöffel geräuchertes Paprikapulver

- 1 Avocado, gewürfelt

- $\frac{1}{2}$ Teelöffel Rotweinessig

- $\frac{1}{2}$ Esslöffel Petersilie, gehackt

- 120 g Tomaten, gehackt

- $\frac{1}{2}$ rote Zwiebel, in dünne Scheiben geschnitten

Richtungen

a) Grill auf mittlere Hitze erhitzen. Reiben Sie das Huhn mit 1 Teelöffel Olivenöl und dem Paprikapulver ein. 4-5 Minuten auf jeder Seite braten, bis sie leicht angekohlt und durchgegart sind.

b) Die Salatzutaten mischen, würzen und das restliche Öl hinzugeben. Hähnchen in dicke Scheiben schneiden und mit dem Salat servieren.

75. Gemischter grüner Salat mit gegrilltem Hähnchen

Macht 1

Zutaten

Salat

- 2 UNZEN. Gemischte Grüns

- 3 Esslöffel Pinienkerne oder Mandeln, geröstet

- 2 Esslöffel einer bevorzugten Keto-Vinaigrette

- 2 Esslöffel gehobelter Parmesan

- 1 Avocado, Kern und Haut entfernt und in Scheiben geschnitten

- Salz und Pfeffer nach Geschmack

- 1/4 lb. Hähnchenbrust ohne Knochen, Julienne

Hühnermarinade

- 3 Esslöffel Ananassaft

- 3 Esslöffel Sojasauce

- 1 Esslöffel Worcestersauce

- 1/2 Teelöffel Knoblauchpulver

Richtungen

a) Kombinieren Sie die Marinade in einem großen wiederverschließbaren Plastikbeutel. Fügen Sie Hühnerstreifen hinzu und werfen Sie sie zum Überziehen. Abdecken und 10 Minuten oder länger ruhen lassen.

b) Die Marinade abgießen und wegwerfen. Hähnchen bei mittlerer Hitze 10 Minuten grillen, dabei in der Mitte wenden.

c) Servieren: Das Gemüse mit den Pinienkernen, dem Grillhähnchen und der Vinaigrette mischen.

d) Mit Salz und Pfeffer abschmecken und mit gehobeltem Parmesan garnieren.

e) Genießen.

76. Tofu-Bok-Choi-Salat

Macht 3

Zutaten

- 15 oz. extra harter Tofu
- 9 Unze. Bok Choi

Marinade

- 1 Esslöffel Sojasauce
- 1 Esslöffel Sesamöl
- 1 Esslöffel Wasser
- 2 Teelöffel gehackter Knoblauch
- Saft 1/2 Zitrone

Soße

- 1 Stängel Frühlingszwiebel
- 2 Esslöffel Koriander, gehackt
- 3 Esslöffel Kokosöl
- 2 Esslöffel Sojasauce
- 1 Esslöffel Sriracha
- 1 Esslöffel Erdnussbutter
- Saft 1/2 Limette
- 7 Tropfen flüssiges Stevia

Richtungen

a) Den Ofen auf 350 Grad Fahrenheit vorheizen.

b) Alle Zutaten für die Marinade in einer Rührschüssel vermengen (Sojasauce, Sesamöl, Wasser, Knoblauch und Zitrone).

c) Den Tofu in Quadrate schneiden und mit der Marinade in einer Plastiktüte mischen. 10 Minuten oder länger marinieren.

d) Tofu herausnehmen und 15 Minuten auf einem Backblech backen.

e) In einer Rührschüssel alle Saucenzutaten mischen.

f) Nimm den Tofu aus dem Ofen und kombiniere Tofu, Pak Choi und Soße in einer Salatschüssel.

77.   Veganer Keto-Gurkensalat

Macht 1

Zutaten

- 3/4 große Gurke
- 1 Päckchen Shirataki-Nudeln
- 2 Esslöffel Kokosöl
- 1 mittelgroße Frühlingszwiebel
- 1/4 Teelöffel rote Paprikaflocken
- 1 Esslöffel Sesamöl
- 1 Teelöffel Sesamsamen
- Salz und Pfeffer nach Geschmack

Richtungen

a) 2 Esslöffel Kokosöl in einer Pfanne bei mittlerer Hitze erhitzen.

b) Nudeln zugeben und abdecken. Kochen Sie für 5-7 Minuten oder bis sie knusprig und gebräunt sind.

c) Die Shirataki-Nudeln aus der Pfanne nehmen und auf Küchenpapier abtropfen lassen. Beiseite legen.

d) Gurke in dünne Scheiben schneiden und in eine Schüssel geben. Mit Frühlingszwiebeln, Paprikaflocken, Sesamöl und den Nudeln mischen.

e) Mit Salz und Pfeffer abschmecken.

f) Mit Sesam garnieren und auf einem Teller servieren.

78.   Keto-Eiertropfensuppe

Macht 1

Zutaten

- 1 1/2 Tassen Hühnerbrühe
- 1/2 Würfel Hühnerbrühe
- 1 Esslöffel Butter
- 2 große Eier
- 1 Teelöffel Chili-Knoblauch-Paste

Richtungen

a) Stellen Sie eine Pfanne auf die Herdplatte und drehen Sie sie auf mittlere bis hohe Hitze.

b) Hühnerbrühe, Brühwürfel und Butter hinzugeben. Zum Kochen bringen.

c) Chili-Knoblauch-Paste unterrühren.

d) Die Eier separat aufschlagen und in die kochende Brühe geben.

e) Gründlich mischen und weitere 3 Minuten kochen.

f) Dienen.

79.   Thailändische Erdnussgarnelensuppe

Macht 2

Zutaten

- 2 Esslöffel grüne Currypaste
- 1 Tasse Gemüsebrühe
- 1 Tasse Kokosmilch
- 6 Unzen. Vorgekochte Garnelen
- 5 oz. Brokkoliröschen
- 3 Esslöffel Koriander, gehackt
- 2 Esslöffel Kokosöl
- 1 Esslöffel Erdnussbutter
- 1 Esslöffel Sojasauce
- Saft von 1/2 Limette
- 1 mittelgroße Frühlingszwiebel, gehackt
- 1 Teelöffel zerdrückter gerösteter Knoblauch
- 1 Teelöffel gehackter Ingwer
- 1 Teelöffel Fischsauce
- 1/2 Teelöffel Kurkuma
- 1/2 Tasse Sauerrahm (zum Bestreuen)

Richtungen

a) In einem mittelgroßen Topf das Kokosöl schmelzen.

b) Knoblauch, Ingwer, Frühlingszwiebeln, grüne Currypaste und Kurkuma dazugeben. Fügen Sie Sojasauce, Fischsauce und Erdnussbutter hinzu. 2 Minuten kochen.

c) Gemüsebrühe und Kokosmilch hinzugeben und gründlich umrühren. Einige Minuten bei schwacher Hitze kochen.

d) Brokkoliröschen und Koriander dazugeben und gründlich umrühren, sobald das Curry etwas eingedickt ist.

e) Wenn Sie mit der Konsistenz des Currys zufrieden sind, fügen Sie die Garnelen und den Limettensaft hinzu und rühren Sie alles zusammen.

f) Einige Minuten bei schwacher Hitze kochen. Bei Bedarf mit Salz und Pfeffer würzen.

BEILAGEN

80. Pilaw aus Keto-Pilz

Macht 2

Zutaten

- 1 Tasse Hanfsamen
- 2 Esslöffel Kokosöl
- 3 mittelgroße Pilze, klein gewürfelt
- 1/4 Tasse geschnittene Mandeln
- 1/2 Tasse Gemüsebrühe
- 1/2 Teelöffel Knoblauchpulver
- 1/4 Teelöffel getrocknete Petersilie
- Salz und Pfeffer nach Geschmack

Richtungen

a) Das Kokosöl in einer Pfanne bei mittlerer Hitze erhitzen und aufkochen lassen. Die gehobelten Mandeln und Pilze in die Pfanne geben, sobald sie zu sprudeln beginnt.

b) Hanfsamen in die Pfanne geben, nachdem die Pilze weich sind. Alles gründlich vermischen.

c) Brühe und Gewürze zugeben.

d) Reduziere die Hitze auf mittel-niedrig und lasse die Hühnerbrühe einweichen und köcheln.

e) Wenn Sie mit der Konsistenz zufrieden sind, nehmen Sie die Pfanne vom Herd und servieren Sie!

81.   Keto-Krautsalat

Macht 3

Zutaten

- 1/4 Kopf Wirsingkohl
- 1/3 Tasse vegane Mayonnaise
- 1 Esslöffel Zitronensaft
- 1 Teelöffel Dijon-Senf
- 1/4 Teelöffel Knoblauchpulver
- 1/4 Teelöffel Zwiebelpulver
- 1/4 Teelöffel Pfeffer
- 1/8 Teelöffel Paprika
- Prise Salz

Richtungen

a) Den Wirsing längs schneiden, sodass jeder Strähne sauber vom Kohl abgeht.

b) Kombinieren Sie den Kohl mit allen anderen Zutaten in einer Rührschüssel. Herumwerfen.

82. Gemüse-Medley

Macht 2

Zutaten

- 6 Esslöffel Olivenöl
- 240 g Baby-Bella-Pilze
- 115 g Brokkoli
- 90 g Paprika
- 90 g Spinat
- 2 Esslöffel Kürbiskerne
- 2 Teelöffel gehackter Knoblauch
- 1 Teelöffel Salz
- 1 Teelöffel Pfeffer
- 1/2 Teelöffel rote Paprikaflocken

Richtungen

a) Das Olivenöl in einem Wok bei starker Hitze erhitzen. Fügen Sie den Knoblauch hinzu und kochen Sie eine Minute lang.

b) Fügen Sie die Pilze hinzu und rühren Sie um, um zu kombinieren.

c) Nachdem die Pilze den größten Teil des Öls aufgesogen haben, fügen Sie den Brokkoli und die Paprika hinzu und vermengen Sie alles gründlich.

d) Alle Gewürze und die Kürbiskerne unterheben.

e) Wenn das Gemüse fertig ist, garniere es mit Spinat und lasse es vom Dampf zusammenfallen.

f) Alles vermischen und servieren, sobald der Spinat zusammengefallen ist.

83.　　Geröstete grüne Pekannussbohnen

Macht 4

Zutaten

- 1 Pfund grüne Bohnen
- 1/4 Tasse Olivenöl
- 1/2 Tasse gehackte Pekannüsse
- 1 Zitronenschale
- 2 Teelöffel gehackter Knoblauch
- 1 Teelöffel rote Paprikaflocken

Richtungen

a) Die Pekannüsse in einer Küchenmaschine zerkleinern.

b) Die grünen Bohnen mit Olivenöl, Zitronenschale, gehacktem Knoblauch und Paprikaflocken mischen.

c) Ofen auf 350°F vorheizen und die grünen Bohnen 20-25 Minuten rösten.

d) Mit gemahlenen Pekannüssen garnieren.

84.   Gebratene Grünkohlsprossen

Macht 2

Zutaten

- 1/2 Beutel Grünkohlsprossen
- Öl zum frittieren
- Salz und Pfeffer nach Geschmack

Richtungen

a) In einer Fritteuse das Öl erhitzen, bis es heiß ist.

b) Legen Sie die Grünkohlsprossen in den Frittierkorb.

c) Kochen Sie die Grünkohlsprossen weiter, bis die Ränder der Zwiebel gebräunt und die Blätter dunkelgrün sind.

d) Aus dem Korb nehmen und überschüssiges Fett auf Küchenpapier abtropfen lassen.

e) Mit Salz und Pfeffer abschmecken und genießen!

NACHSPEISEN

85.   Mit Koriander versetztes Avocado-Limetten-Sorbet

Macht 4

Zutaten

- 2 Avocados (Kern und Haut entfernt)
- 1/4 Tasse Erythrit, pulverisiert
- 2 mittelgroße Limetten, entsaftet und gerieben
- 1 Tasse Kokosmilch
- 1/4 Teelöffel flüssiges Stevia
- 1/4 – 1/2 Tasse Koriander, gehackt

Richtungen

a) Kokosmilch in einem Topf zum Kochen bringen. Limettenschale hinzufügen.

b) Lassen Sie die Mischung abkühlen und frieren Sie sie dann ein.

c) Avocado, Koriander und Limettensaft in einer Küchenmaschine vermischen. Pulsieren, bis die Mischung eine klobige Textur hat.

d) Die Kokosmilchmischung und das flüssige Stevia über die Avocados gießen. Pulsieren Sie die Mischung zusammen, bis sie die geeignete Konsistenz erreicht. Es dauert ungefähr 2-3 Minuten, um diese Aufgabe zu erledigen.

e) Zum Auftauen wieder in den Gefrierschrank stellen oder sofort servieren!

86. Keto-Kürbiskuchen-Käsekuchen

Macht 1

Zutaten

Die Kruste

- 3/4 Tasse Mandelmehl
- 1/2 Tasse Leinsamenmehl
- 1/4 Tasse Butter
- 1 Teelöffel Kürbiskuchengewürz
- 25 Tropfen flüssiges Stevia

Die Füllung

- 6 Unzen. Veganer Frischkäse
- 1/3 Tasse Kürbispüree
- 2 Esslöffel saure Sahne
- 1/4 Tasse Vegane Sahne
- 3 Esslöffel Butter
- 1/4 Teelöffel Pumpkin Pie Spice
- 25 Tropfen flüssiges Stevia

Richtungen

a) Kombinieren Sie alle trockenen Zutaten der Kruste und rühren Sie gründlich um.

b) Die trockenen Zutaten mit der Butter und dem flüssigen Stevia pürieren, bis sich ein Teig bildet.

c) Rollen Sie den Teig für Ihre Mini-Tarte-Formen in kleine Kugeln.

d) Drücken Sie den Teig gegen die Seite der Tortenform, bis er die Seiten erreicht und hochgeht.

e) Alle Zutaten für die Füllung in einer Rührschüssel vermengen.

f) Mischen Sie die Zutaten für die Füllung mit einem Pürierstab.

g) Sobald die Zutaten für die Füllung glatt sind, verteilen Sie sie auf der Kruste und kühlen Sie sie ab.

h) Aus dem Kühlschrank nehmen, in Scheiben schneiden und nach Belieben mit Schlagsahne garnieren.

87.   Keto-Mokka-Eis

Macht 2

Zutaten

- 1 Tasse Kokosmilch
- 1/4 Tasse Vegane Sahne
- 2 Esslöffel Erythrit
- 20 Tropfen flüssiges Stevia
- 2 Esslöffel Kakaopulver
- 1 Esslöffel Instantkaffee

Garnierung

- Minze

Richtungen

a) Mischen Sie alle Zutaten und geben Sie sie dann in Ihre Eismaschine und rühren Sie sie gemäß den Anweisungen des Herstellers für 15-20 Minuten.

b) Wenn die Eiscreme weich gefroren ist, sofort mit einem Minzblatt servieren.

88. Kirsch- und Schokoladenkrapfen

Macht 12

Zutaten

Trockene Inhaltsstoffe

- 3/4 Tasse Mandelmehl

- 1/4 Tasse Goldenes Leinsamenmehl

- 1 Teelöffel Backpulver

- Prise Salz

- 10 g Riegel Zartbitterschokolade, in Stücke gewürfelt

Nasse Zutaten

- 2 große Eier

- 1 Teelöffel Vanilleextrakt

- 2 1/2 Esslöffel Kokosöl

- 3 Esslöffel Kokosmilch

Richtungen

a) Kombinieren Sie in einer großen Rührschüssel die trockenen Zutaten (außer der dunklen Schokolade).

b) Die feuchten Zutaten untermischen und dann die dunklen Schokoladenstückchen unterheben.

c) Schließen Sie Ihren Donut Maker an und ölen Sie ihn bei Bedarf.

d) Den Teig in den Donutmaker füllen, schließen und ca. 4-5 Minuten backen.

e) Reduzieren Sie die Hitze auf niedrig und kochen Sie weitere 2-3 Minuten.

f) Mit dem restlichen Teig wiederholen und dann servieren.

89.   Keto-Brombeerpudding

Macht 1

Zutaten

- 1/4 Tasse Kokosmehl
- 1/4 Teelöffel Backpulver
- 2 Esslöffel Kokosöl
- 2 Esslöffel vegane Butter
- 2 Esslöffel vegane Sahne
- 2 Teelöffel Zitronensaft
- Schale 1 Zitrone
- 1/4 Tasse Brombeeren
- 2 Esslöffel Erythrit
- 20 Tropfen flüssiges Stevia

Richtungen

a) Den Ofen auf 350 Grad Fahrenheit vorheizen.

b) Sieben Sie die trockenen Zutaten über die feuchten Komponenten und mischen Sie sie bei niedriger Geschwindigkeit, bis sie sich gründlich vermischt haben.

c) Den Teig auf zwei Förmchen verteilen.

d) Drücken Sie die Brombeeren in die Oberseite des Teigs, um sie gleichmäßig im Teig zu verteilen.

e) 20-25 Minuten backen.

f) Mit einem Klecks Schlagsahne servieren!

90. Keto-Kürbisbrot

Ergibt 10 Scheiben

Gesamtzeit: 20 Minuten

Zutaten

Trockene Inhaltsstoffe

- 1 1/2 Tasse Mandelmehl

- 1/4 Tasse Chia-Samen

- 1/4 Tasse Keto-Süßstoff

- 2 Teelöffel Backpulver

- 1 1/2 Teelöffel Pumpkin Pie Spice

- 1/2 Teelöffel koscheres Salz

Nasse Zutaten

- 1/2 Tasse Kürbispüree

- 1/2 Tasse Kokosmilch

Optional

- 1/4 Tasse Pistazien

Richtungen

a) Den Ofen auf 350 Grad Fahrenheit vorheizen.

b) In einer großen Rührschüssel alle trockenen Zutaten sieben.

c) Kürbispüree und Kokosmilch langsam unterrühren.

d) Eine normale Brotlaibform leicht einfetten.

e) Den Teig in die Brotform geben und gleichmäßig verteilen. Nach Belieben Pistazien hinzufügen.

f) Brot 15 Minuten backen.

g) Das Brot aus dem Ofen nehmen und zum Abkühlen beiseite stellen.

h) In Scheiben schneiden und servieren!

91.   Keto Mini Rosskastanien-Kekse

Ergibt 20 Kekse.

Zutaten

- 2 1/2 Tassen Mandelmehl
- 1/2 Tasse Erdnussbutter
- 1/4 Tasse Kokosöl
- 1/4 Tasse Erythrit
- 3 Esslöffel Ahornsirup
- 1 Esslöffel Vanilleextrakt
- 1 1/2 Teelöffel Backpulver
- 1/2 Teelöffel Salz
- 3-4 Quadrate dunkle Schokolade

Richtungen

a) Den Ofen auf 350 Grad Fahrenheit vorheizen.

b) Kombinieren Sie Erdnussbutter, Kokosöl, Ahornsirup und Vanilleextrakt in einer großen Rührschüssel.

c) Kombinieren Sie Mandelmehl, Erythrit, Backpulver und Salz in einer separaten Schüssel.

d) Mischen Sie die trockenen Komponenten mit einem Sieb in die feuchten Zutaten. Den ganzen Teig mit den Händen zu einer Kugel formen.

e) Dann nach und nach kleine Portionen aus dem Teig reißen.

f) Schneide die Schokoriegel in kleine Stücke. Ein Stück Schokolade in den Teig drücken. Den Teig verschließen.

g) Kekse 15-18 Minuten backen.

92.   Keto-Schokoladen-Brownies

Ergibt 8 Scheiben

Zutaten

- 2 Tassen Mandelmehl
- 1/2 Tasse ungesüßtes Kakaopulver
- 1/3 Tasse Erythrit
- 1/4 Tasse Kokosöl
- 1/4 Tasse Ahornsirup
- 2 große Eier
- 1 Esslöffel Chiasamen
- 2 Esslöffel gesalzenes Karamell
- 1 Teelöffel Backpulver
- 1/2 Teelöffel Salz

Richtungen

a) Den Ofen auf 350 Grad Fahrenheit vorheizen.

b) In der Zwischenzeit alle feuchten Zutaten verquirlen: Erythrit, Kokosöl, Ahornsirup, 2 große Eier und gesalzenes Karamell in einer Rührschüssel.

c) Kombinieren Sie alle trockenen Zutaten in einer separaten Schüssel: Mandelmehl, Kakaopulver, Chiasamen, Backpulver und Salz.

d) Kombinieren Sie beide Zutaten so gründlich wie möglich.

e) Gießen Sie den Teig in eine 11x7 Backform und backen Sie ihn 20 Minuten lang.

93.   Veganer Schokoladenmousse-Kuchen

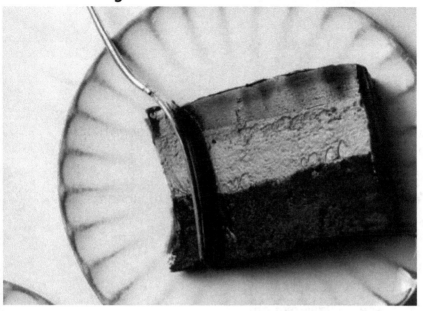

Ergibt 6 bis 8 Portionen

Zutaten

Mousse

- 1 (12 Unzen) Packung fester Seidentofu, abgetropft
- 1/2 Tasse Zucker
- 1 Teelöffel reiner Vanilleextrakt
- 1 Tasse vegane halbsüße Schokoladenstückchen, geschmolzen

Kuchen

- 11/2 Tassen Allzweckmehl
- 1 Tasse hellbrauner Zucker
- 1/4 Tasse ungesüßtes Kakaopulver
- 1 Teelöffel Backpulver
- 1/4 Teelöffel Salz
- 1/3 Tasse Rapsöl
- 1 Esslöffel Apfelessig
- 11/2 Teelöffel reiner Vanilleextrakt
- 1 Tasse kaltes Wasser
- 2 TassenVegane Schokoladen-Ganache, leicht gekühlt

Richtungen

a) Für die Mousse den Tofu mit Zucker, Vanilleextrakt und Schokolade glatt rühren.

b) Den Kuchen zubereiten: Mehl, Zucker, Kakao, Natron und Salz in einer großen Rührschüssel mischen und gut verrühren. Öl, Essig, Vanille und Wasser einrühren, bis alles gut vermischt ist.

c) Den Teig in die vorbereitete Form streichen und 20 Minuten backen.

d) Schneiden Sie den Kuchen mit einem gezackten Messer horizontal in zwei Hälften, um zwei Böden zu erhalten. Verwenden Sie die Mousse, um die Oberseite einer der Schichten zu glasieren. Mit der letzten Tortenschicht abschließen.

e) Den Kuchen vor dem Anschneiden kühl stellen, damit er fest werden kann.

94. Kürbiskuchen mit Ahornsirup

Ergibt 8 Portionen

Zutaten

- 1 veganer Tortenboden

- 1 (16 Unzen) Dose fester Kürbis

- 1 (12 Unzen) Packung extrafester Seidentofu, abgetropft und trocken getupft

- 1 Tasse Zucker

- 2 Teelöffel gemahlener Zimt

- 1/2 Teelöffel gemahlener Piment

- 1/2 Teelöffel gemahlener Ingwer

- 1/2 Teelöffel gemahlene Muskatnuss

Richtungen

a) Kürbis und Tofu in einer Küchenmaschine glatt pürieren. Zucker, Ahornsirup, Zimt, Piment, Ingwer und Muskat hinzufügen, bis eine glatte Masse entsteht.

b) Den Ofen auf 400 Grad Fahrenheit vorheizen.

c) Füllen Sie die Kruste mit der Füllung. 15 Minuten bei 350°F backen.

95.   Schweinefleisch und Eierpastete

Zutaten

- 1 Tasse Kokosmehl
- 2 Eier
- 1/2 Tasse Butter, gewürfelt
- 1 Esslöffel natives Olivenöl extra
- 1/4 Teelöffel Salz
- 1 Esslöffel Erythrit
- 1 Teelöffel Vanilleextrakt

Richtungen

a)   Ofen auf 400 ⬜F vorheizen.

b)   Mischen Sie das Olivenöl und die Eier in einer Küchenmaschine oder einem Standmixer. Vanilleextrakt hinzufügen (optional).

c)   In einer anderen Schüssel Kokosmehl, Salz und Erythritol (optional) verquirlen, bis alles gut vermischt ist.

d)   Gießen Sie die trockene und nasse Mischung in eine Küchenmaschine und fügen Sie die gewürfelte Butter hinzu.

e)   Mischen Sie durch Pulsieren, bis es wie Streusel aussieht.

f)   Sprühen Sie eine Tortenplatte mit Kochspray ein und gießen Sie die Streusel in die Tortenplatte. Drücken Sie mit den Händen, um den Teig direkt in der Tortenplatte zu formen.

g)   Mit einer Gabel nach dem Zufallsprinzip Löcher in den Boden der Kruste stechen.

h)   Legen Sie Backpapier auf den Tortenboden und legen Sie dann Keramik-Backbohnen auf das Backpapier, um den Teig zu beschweren.

i)   In den Ofen stellen und die Kruste 10-12 Minuten backen.

j)   Den Teig aus dem Ofen nehmen und abkühlen lassen.

k)   Fügen Sie Ihre Füllung hinzu. Backen Sie es länger, wenn die von Ihnen gewählte Füllung dies erfordert.

SHAKES UND SMOOTHIES

96.   Heidelbeer-Kokos-Smoothie

Macht 2

Zutaten

- 3 Esslöffel Goldenes Leinsamenmehl
- 1 Esslöffel Chiasamen
- 2 Tassen Vanille ungesüßte Kokosmilch
- 10 Tropfen flüssiges Stevia
- 1/4 Tasse Blaubeeren

Richtungen

a) In einem Mixer alle Zutaten mischen.

b) Dann 1-2 Minuten lang mixen oder bis alle Zutaten vollständig vermischt sind.

97.   Brombeer-Schokoladen-Shake

Macht 1

Zutaten

- 7 Eiswürfel
- 1 Tasse ungesüßte Kokosmilch
- 1/4 Tasse Brombeeren
- 2 Esslöffel Kakaopulver
- 12 Tropfen flüssiges Stevia

Richtungen

a) Kombinieren Sie alle Zutaten in einem Mixer.

b) Etwa 1-2 Minuten lang mixen, oder bis alles richtig vermischt ist.

c) Nehmen Sie einen Schluck und genießen Sie!

98.   Tropischer Keto-Smoothie

Macht 1

Zutaten

- Eiswürfel
- 3/4 Tasse ungesüßte Kokosmilch
- 1/4 Tasse saure Sahne
- 2 Esslöffel Goldenes Leinsamenmehl
- 20 Tropfen flüssiges Stevia
- 1/2 Teelöffel Mangoextrakt
- 1/4 Teelöffel Blaubeerextrakt

Richtungen

a) In einem Mixer alle Zutaten mischen.
b) 1-2 Minuten bei hoher Geschwindigkeit mixen, oder bis die Konsistenz eingedickt ist.
c) An einem heißen Tag draußen servieren, entspannen und genießen!

99. Gurken-Spinat-Smoothie

Macht 1

Zutaten

- 2 Handvoll Spinat
- 1 Tasse Gurke, geschält und gewürfelt
- 7 Eiswürfel
- 1 Tasse Kokosmilch
- 2 Tropfen flüssiges Stevia

Richtungen

a) In einem Mixer Spinat mit Eiswürfeln, Kokosmilch und Stevia mischen. Gurke darüber geben.

b) 1-2 Minuten lang mixen, oder bis alle Zutaten gründlich vermischt sind.

c) In ein großes Glas gießen und langsam trinken, während Sie den süßen, erfrischenden Geschmack genießen!

100. Erdnussbutter-Karamell-Milchshake

Macht 1

Zutaten

- Eiswürfel
- 1 Tasse Kokosmilch
- 2 Esslöffel Erdnussbutter
- 2 Esslöffel gesalzenes Karamell
- 1 Esslöffel MCT-Öl

Richtungen

a) Eiswürfel, Kokosmilch, Erdnussbutter, gesalzenes Karamell und MCT-Öl in einen Mixer geben und 1-2 Minuten lang mixen oder bis die gewünschte Konsistenz erreicht ist.

b) Mit einem schönen Hauch von zerstoßenem Eis, der durch ihn fließt, sollte er leicht eingedickt sein.

c) Ein Glas damit füllen und servieren!

FAZIT

Sowohl die ketogene Ernährung als auch die mediterrane Ernährung haben nachweislich starke gesundheitliche Vorteile. Für viele Menschen kann eine typische Keto-Diät jedoch übermäßig einschränkend, extrem oder geradezu beängstigend erscheinen.

Diese Angst ist mit jahrzehntelangen Fehlinformationen über mögliche (aber weitgehend entlarvte) Gesundheitsrisiken von rotem Fleisch und gesättigten Fetten verbunden. Es kann für die Menschen schwer sein zu akzeptieren, dass keto-freundliche Teller mit fettem Steak, das in Butter getränkt ist, und Milchkaffees voller Sahne gut für sie sind.

Wenn wir Keto und Mittelmeer kombinieren, ist das Ergebnis eine Art zu essen, die bequemer und nachhaltiger sein kann als eine typische Keto-Diät.